すぐに役立つ

◆図解とQ&Aでわかる◆

最新 労働安全衛生をめぐる法律と疑問解決マニュアル108

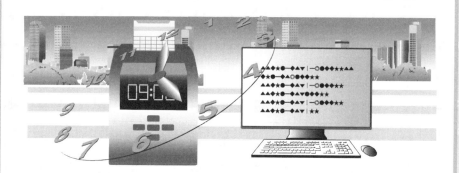

社会保険労務士 **小島 彰** 監修

三修社

本書に関するお問い合わせについて

　本書の記述の正誤、内容に関するお問い合わせは、お手数ですが、小社あてに郵便・ファックス・メールでお願いします。お電話でのお問い合わせはお受けしておりません。内容によっては、ご質問をお受けしてから回答をご送付するまでに1週間から2週間程度を要する場合があります。

　なお、本書でとりあげていない事項や個別の案件についてのご相談、監修者紹介の可否については回答をさせていただくことができません。あらかじめご了承ください。

はじめに

　労働安全衛生法は、職場における労働者の安全と健康の確保や、快適な職場環境の形成を促進することを目的に定められた法律です。特に、職場の事故などの労働災害は労働者の身体や生命までを脅かすおそれがあるため、労働安全衛生法は、労働災害の防止に向けて事業者に対して、様々な義務を課しています。近年では、労働者の精神疾患も深刻な問題であり、現在は、対策としてのストレスチェックが、事業者に対して義務づけられています。

　労働安全衛生法は、職場で行われる健康診断の根拠にもなっており、労働者にとっても身近な法律です。事業者と協力して労働災害を防止していくためには、労働者の側も積極的に労働安全衛生法について知っておく必要があります。

　本書は108のＱ＆Ａを掲載して、基本用語に関する説明と、問題点を１つずつ解決していく形で、労働安全衛生法の全体を理解できるように、わかりやすく解説しています。とくに安全委員会、衛生委員会、安全衛生委員会をはじめ、安全管理体制などの複雑な箇所は、図表などを用いて具体的なイメージを持っていただけるように工夫しました。最新の労働安全衛生法の改正にも対応しており、受動喫煙防止措置やストレスチェックの実施に関する知識なども積極的にとりあげています。第６章では、事業者にとって重要な安全衛生管理の手段である安全衛生管理規程をはじめ、労働基準監督署への提出が求められる安全衛生関連の書式を掲載し、労災保険の請求手続きの基礎的な知識の整理を中心に、丁寧な解説を心がけています。

　本書を通じて、労働安全衛生法のしくみを理解していただき、役立てていただければ幸いです。

　　　　　　　　　　　　　監修者　社会保険労務士　小島　彰

Contents

はじめに

第1章　労働安全衛生法の基本

1　労働安全衛生法とはどんな法律なのでしょうか。　　　　　　　　12
2　事業者が講じるべき措置にはどのようなものがあるのでしょうか。　14
3　労働者への安全衛生教育について教えてください。　　　　　　　15
4　事業場はどのような基準で区別されているのでしょうか。　　　　17
5　どのような場合に労働安全衛生法上の事業者や労働者にあたるのかについて教えてください。　　　　　　　　　　　　　　　　　　19
6　事業者にはどんな責任があるのでしょうか。　　　　　　　　　　20
7　安全配慮義務について教えてください。　　　　　　　　　　　　22
8　どのような場合に企業の安全配慮義務違反が問われるかについて教えてください。　　　　　　　　　　　　　　　　　　　　　　　24
9　中高年齢者に対してはどのような安全配慮がなされるべきなのでしょうか。　　　　　　　　　　　　　　　　　　　　　　　　　26
10　労災保険について教えてください。　　　　　　　　　　　　　　27
11　健康保険について教えてください。　　　　　　　　　　　　　　29

第2章　安全衛生管理体制の全体像

1　安全衛生管理体制をどのように構築したらよいのでしょうか。　　32
2　工事現場での安全管理体制について教えてください。　　　　　　35
3　総括安全衛生管理者について教えてください。　　　　　　　　　37
4　安全管理者について教えてください。　　　　　　　　　　　　　39
5　衛生管理者について教えてください。　　　　　　　　　　　　　41
6　安全衛生推進者、衛生推進者について教えてください。　　　　　43
7　作業主任者について教えてください。　　　　　　　　　　　　　45
8　産業医について教えてください。　　　　　　　　　　　　　　　47

9	専属の産業医を置かないといけない事業場もあるのでしょうか。産業医の選任義務のない事業所もあるのでしょうか。	49
10	安全委員会、衛生委員会、安全衛生委員会について教えてください。	50
11	安全委員会や衛生委員会の調査審議事項について教えてください。	54
12	下請けと元請けが混在する建設現場での安全管理体制について教えてください。	56
13	安全衛生責任者はどんなことをするのでしょうか。	58
14	元方安全衛生管理者はどんなことをするのでしょうか。	59
15	店社安全衛生管理者はどんなことをするのでしょうか。	60
16	元方事業者が講ずべき措置について教えてください。	61
17	特定元方事業者が講じなければならない措置について教えてください。	64
18	現場監督が講ずべき措置について教えてください。	66
19	建設業の仕事を行う注文者が講ずべき措置について教えてください。	68
20	化学物質などを取り扱う設備において注文者が講じるべき措置を教えてください。	70
21	化学プラントの安全性の確保について教えてください。	71
22	ジョイントベンチャーでの代表者選定について教えてください。	73

第3章　危険防止のための措置と対策

1	危険や健康被害を防止するための事業者の措置とはどのような措置を言うのでしょうか。	76
2	建設現場における事業者の義務について教えてください。	78
3	騒音・振動の防止対策について教えてください。	80
4	振動障害を予防するための措置について教えてください。	82
5	作業時の合図・会話による連携を妨害し、作業の安全をおびやかす騒音について、どのようなことが義務付けられているのでしょうか。	84
6	酸素欠乏に対する対策について教えてください。	85
7	粉じんに対する対策について教えてください。	86
8	事業者は、労働者の健康を守るために建築物などを解体する際にはどのような石綿対策の措置を講ずる必要があるのでしょうか。	88

9 危険・有害物質に対する規制や対策について教えてください。	92
10 特殊健康診断とは具体的にどんなことをするのでしょうか。	95
11 建設業における救護措置について教えてください。	97
12 熱中症の予防対策にはどんなものがあるのでしょうか。	100
13 建設業における災害防止対策（リスクアセスメント）について教えてください。	102
14 機械等の安全確保のための規制について教えてください。	104
15 車両用建設機械を使用する際の注意点を教えてください。	106
16 くい打ち機を使用した作業の安全を確保するための措置について教えてください。	108
17 玉掛け作業や移動式クレーンの安全を確保するための措置について教えてください。	109
18 エレベーター、建設用リフト、ゴンドラを使用する作業の安全を確保する措置について教えてください。	111
19 掘削工事の安全を確保するために事業者が講ずべき措置について教えてください。	113
20 足場や高所作業車の組立ての安全を確保するための措置について教えてください。	115
21 ２m以上の高所からの墜落による危険を防止するための措置について教えてください。	118
22 コンクリート造りの工作物の解体作業の安全を確保する措置について教えてください。	120
23 橋梁・架設の作業の安全を確保するための措置について教えてください。	121
24 型わく支保工の作業の安全を確保するための措置について教えてください。	122
25 ずい道についてどのような危険防止策を講じる必要があるのでしょうか。	123
26 健康に重大な被害を与える危険物の取扱いについて教えてください。	125

第4章　安全衛生教育

1. なぜ安全衛生教育をするのでしょうか。　130
2. 雇入時や作業内容を変更したときの教育について教えてください。　132
3. 危険または有害な業務に労働者を就かせるときの教育について教えてください。　133
4. 職長等などを対象にした安全衛生教育について教えてください。　134
5. 能力向上教育について教えてください。　135
6. 建設業における安全衛生責任者への安全衛生教育とはどのように行えばよいのでしょうか。　137
7. クレーン運転業務・移動式クレーン運転業務に関する安全のための特別教育について教えてください。　139
8. デリックや建設用リフトの運転業務についての特別教育について教えてください。　141
9. 玉掛けの業務についての特別教育について教えてください。　142
10. 小型ボイラーを取り扱う業務の特別教育について教えてください。　143
11. 高気圧業務、放射線業務、酸素欠乏危険作業の特別教育について教えてください。　145
12. 粉じん作業の特別教育について教えてください。　148
13. 石綿取扱業務の特別教育について教えてください。　149
14. 工事用エレベーターの作業者への安全教育について教えてください。　150
15. 振動工具取扱作業者への安全教育について教えてください。　151
16. 就業制限のある業務について教えてください。　153

第5章　メンタルヘルスと安全管理

1. 職場のメンタルヘルス対策はどのように行えばよいのでしょうか。　156
2. 「労働者の心の健康の保持増進のための指針」には、メンタルヘルスケアの基本的な考え方が示されていますが、それはどのようなものでしょうか。　158
3. 職場内でメンタルヘルスケアを行う方法として、参考となるガイドラインなどがあれば教えてください。　159

4	安全配慮義務と健康配慮義務はどう違うのでしょうか。	161
5	安全配慮義務についてどのような対策を講じていくべきでしょうか。	162
6	健康診断にはどんな種類があるのでしょうか。	163
7	健康診断は必ず行わなければならないものなのでしょうか。拒否するとどうなるのでしょうか。	167
8	過重労働による健康障害の防止のための措置にはどのようなものがあるのでしょうか。	169
9	心身の不調を訴える従業員がいますが、会社としては何も対応できていないのが現状です。使用者にはメンタルヘルスに対する安全配慮義務があるのでしょうか。	171
10	労働者がメンタルヘルス疾患と診断された場合、どのような対応をすればよいでしょうか。	172
11	労働者災害補償保険（労災保険）とはどんな保険なのでしょうか。メンタルヘルス疾患にかかった場合は、労災保険による補償はあるのでしょうか。	173
12	仕事が原因で労働者が精神疾患を発症し休業や自殺に陥った場合、労働者やその遺族は労災保険の補償を受けることができるのでしょうか。	174
13	すべての精神疾患が労災に該当するわけではないと聞いたのですが、具体的にどんなケースで精神疾患が労災にあたると判断されるのでしょうか。	175
14	残業が続き、疲労を訴える従業員がいるため、メンタルヘルス対策を考えています。注意すべき重要なポイントがあれば教えてください。	177
15	メンタルヘルス対策を行う際に、発生を防ぐ取り組みに重点を置きたいと考えています。具体的にどのような方法があるのでしょうか。	179
16	最近、社内でメンタルヘルス疾患を理由とした退職や休職を申し出る社員が増加しており困っています。具体的な対処方法を教えてください。	180
17	復職を果たした労働者の疾患を再発させないための予防策について教えてください。	182
18	職場でのメンタルヘルス対策として、外部の専門機関などを活用することを考えていますが、具体的にはどのように進めていけばよいのでしょうか。	184
19	ストレスチェックとはどんな制度なのでしょうか。	185

20 どんな会社でもストレスチェックが行われるのでしょうか。受けないと解雇や減給などの処分が下されるのでしょうか。 186
21 過労死・過労自殺と労災の関係について教えてください。 188
22 過労死の認定基準について教えてください。 190
23 過労死の労災申請に必要な書類について教えてください。 194
24 職場環境づくりのための措置について教えてください。 196
25 建設業における快適な職場環境の形成について教えてください。 199
26 安全衛生改善計画など、労働災害防止のための措置について教えてください。 200
27 事前届出が義務付けられている届出や審査が必要な仕事について教えてください。 202
28 作業や生産活動の現場での生産方法・工法は日々変化していますが、どんな場合に厚生労働大臣の審査が行われるのでしょうか。 205
29 労災事故が発生した場合の手続きについて教えてください。 206
30 出向と労災の適用関係について教えてください。 208
31 派遣労働について事業者にはどのようなことが求められるのでしょうか。 209
32 派遣労働者の安全衛生について教えてください。 211
33 派遣労働者に労災が発生した場合の対処法について教えてください。 214

第6章　安全衛生関連の書式と労災保険などの手続き

労働安全衛生法違反の罰則
罰則の種類　216

安全衛生の書式
安全衛生管理規程の作成　218／労働者死傷病報告書の提出　219／事故報告書の提出　220／提出が求められる書式　221

- 書式　安全衛生管理規程　224
- 書式　労働者死傷病報告　227
- 書式　労働者死傷病報告（休業が4日未満の場合）　228
- 書式　事故報告書（安全衛生規則第96条関係）　229
- 書式　定期健康診断結果報告書　230
- 書式　安全衛生教育実施結果報告　231
- 書式　総括安全衛生管理者・安全管理者・衛生管理者・産業医選任報告　232

書式　建設物・機械等設置・移転・変更届　233
　　　書式　建設工事・土石採取計画届　234
　　　書式　クレーン設置届　235
労災保険
　労災保険の適用　236／特別加入　236／特別加入の手続き　237
労災の補償内容
　労災保険の給付　238／通勤災害　239
療養（補償）給付
　療養（補償）給付の内容　240
休業（補償）給付
　休業（補償）給付の支給　241／１日のうち一部分だけ働く場合　241／待期期間　242
葬祭料
　給付内容　243／請求手続き　243／遺族補償年金との関係　244／健康保険の埋葬料　245
傷病手当金
　どんな場合に支給されるのか　246／支給までには３日の待期期間がある　246／傷病手当金の支給　247
労災保険の請求手続き
　申請手続き　248／労災給付の申請　249／労災申請されたときの会社側の対応　249
ストレスチェックの手続き
　ストレスチェック実施時の主な流れ　251／届出や報告などは不要？　252／実施しなくても罰則はないのか　252
労働保険や社会保険に加入していない事業所
　未加入の事業所にも何パターンかある　253／未加入が発覚した場合のペナルティ　253／これから加入する場合はどうなる　254

　Column　寄宿舎での事故やトラブル　255

第1章

労働安全衛生法の基本

労働安全衛生法とはどんな法律なのでしょうか。

労働者が快適に職場で過ごせるように、その安全と健康を確保するための法律です。

　労働安全衛生法は、職場における労働者の安全と健康を確保し、快適な職場環境を作ることを目的として昭和47年に制定された法律です。もともとは労働基準法に安全衛生に関する規定がありましたが（労働基準法第5章参照）、その重要性から独立した法律として置かれることになりました。このため、労働安全衛生法1条には「労働基準法と相まって」「労働者の安全と健康を確保するとともに、快適な職場環境の形成を促進することを目的とする」と規定されています。そして、同条は「労働者の安全と健康の確保」と「快適な職場環境の形成」という目的を達成するため、企業側に「危害防止基準の確立」を求めています。あわせて「責任体制の明確化」も求めており、労働安全衛生法第3章に「安全衛生管理体制」という章を置いて詳細な規定を設けています。

　その一方で、企業側がいかに安全で快適な職場環境を整えても、労働者側の著しい不注意や安全に対する意識の欠如によって、思わぬトラブルを招きかねません。そこで、労働者側も労働災害防止のために必要な事項を守る他、労働災害防止措置に協力するよう努めるべきと規定しています（4条）。労働者側の義務の例として、各種健康診断の受診義務（66条5項）を挙げることができます。一般的な企業で行われている各種健康診断は、実は労働安

全衛生法が企業に対して義務付けているのです。

さらに、労働安全衛生法には、①同法の目的を達成するために厚生労働大臣や事業者が果たすべき義務、②機械等や危険物・有害物に対する規制、③労務災害を防止するために講じなければならない措置、④事業者が労働者の安全を確保するために安全衛生を管理する体制を整えること（安全衛生管理体制の確立）、⑤同法に違反した際の罰則などが規定されています。

特に④に関して、労働安全衛生法は、労働者の安全と衛生を守るため、様々な役割を負ったスタッフや組織を事業場に配置することを事業者に対して義務付けています。労働安全衛生法により配置が義務付けられているスタッフや組織は、総括安全衛生管理者、産業医、安全管理者、衛生管理者、安全衛生推進者・衛生推進者、安全委員会・衛生委員会などです。

また、建設業など請負の労務関係で行われる仕事は、「元請けから依頼を受けた下請けが、さらに孫請けに依頼する」というように数次にわたる関係となるため、一般の安全衛生管理体制とは異なる方法の安全衛生管理体制の構築が求められています。

■ **労働安全衛生法の全体像**

労働基準法 → 労働安全衛生法
↓
労働災害防止のための総合的計画的な対策を推進

- 危害防止基準の確立
- 責任体制の明確化
- 自主的活動の促進の措置

↓
・職場における労働者の安全と健康を確保
・快適な職場環境の形成を促進

第1章 ● 労働安全衛生法の基本

事業者が講じるべき措置にはどのようなものがあるのでしょうか。

労働者の安全と健康を確保するための措置が求められています。

　労働安全衛生法は、事業者が配置すべきスタッフや組織の種類の他にも、事業者が講じるべき措置について定めています。労働災害を防止するため、事業者には、労働者の安全と健康を確保するのに適した危険・健康障害の防止措置を整備することが求められています。

　まず、機械等の設備による危険、爆発性・発火性の物などによる危険、掘削・採石・荷役などの業務における作業方法から生じる危険などを防止する措置を講じなければならないことを定めています（20条、21条）。また、ガス・粉じん・放射線・騒音・排気などによって、労働者に対し健康被害が生じないような措置を講じなければならないとしています（22条）。

　さらに、下請契約が締結された場合には、元請業者（元方事業者）は、下請業者（関係請負人または関係請負人の労働者）に対して、労働安全衛生法や関係法令に違反することがないように必要な指導をしなければならないとしています（29条）。

　この他、事業者が講じるべき措置として、総括安全衛生管理者などの選出、安全衛生委員会などを開催する「安全衛生管理体制の整備」、労働者に対する「安全衛生教育の実施」、労働者の健康を保護するための「健康診断の実施」などが挙げられます。

 労働者への安全衛生教育について教えてください。

 労働者の生命・健康維持のための様々な措置を行います。

　労働安全衛生法では、事業者が労働者の生命や健康を守るために安全衛生教育を行わなければならないことを定めています。たとえば、事業者は、新たに労働者を雇い入れた場合や、労働者の作業内容を変更した場合、対象の労働者に対して安全衛生についての教育を行うことが義務付けられています（59条）。また、現場で労働者を指導監督する者（職長など）に対しては、労働者の配置や労働者に対する指導の方法などについて、安全衛生の観点からの教育（職長教育）をしなければなりません（60条）。これらの安全衛生教育によって、安全衛生に対する労働者の意識向上を図ろうとしています。

　その他、労働安全衛生法は、労働者の健康を守るために、いくつかの検査を行うことを事業者に義務付けています。たとえば、有害物質を扱う屋内作業場などでは、労働者の健康が害される可能性が高いため、作業環境下での空気の汚染度合いの分析などをする「作業環境測定」を行わなければなりません（65条）。

　さらに、事業者は、労働者に対して定期的に健康診断を実施しなければならず（66条）、実施後には、診断結果（異常所見がある労働者に係るものに限る）に対する事後措置について医師の意見を聴くことも義務付けられています（66条の4）。

このような検査を経て、労働者の健康が害されるおそれがあると判明した場合には、事業者は必要な対策を講じなければなりません。たとえば、作業環境測定により労働者への悪影響の可能性が判明した場合は新たな設備の導入などを行い（65条の2）、健康診断により労働者の健康状態の悪化が判明した場合は労働時間の短縮や作業内容の変更などを行います（66条の5）。

●快適な職場環境を形成するために

　事業者は、労働者が快適に労務に従事できるよう、職場環境を整えるよう努めなければなりません（71条の2）。具体的には、厚生労働省が公表する「事業者が講ずべき快適な職場環境の形成のための措置に関する指針」を参考にします（71条の3）。

　この指針では、労働環境を整えるために空気環境、温熱条件、視環境、音環境、作業空間などを適切な状態にすることが望ましいとされています。また、労働者に過度な負荷のかかる方法での作業は避け、疲労の効果的な回復のため休憩所を設置することも重要です。さらに、これらの措置を講じるにあたり、労働者の意見を反映させて、継続的かつ計画的に取り組んでいく必要があります。労働者にストレスが生じやすいという状況をふまえ、労働者が働きやすい環境を作ることが必要です。

■ **安全衛生に関する教育**

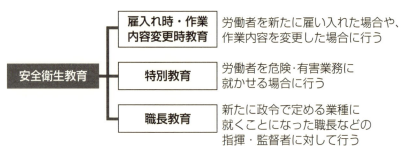

事業場はどのような基準で区別されているのでしょうか。

同じ事業者（会社）でも場所が離れていれば、原則として異なる事業場として扱われます。

　労働安全衛生法では、事業者に様々な義務を課す上で、「事業場」ごとに義務付けるという制度を採用しています。つまり、労働安全衛生法で事業場は適用単位として用いられる概念ということができ、労働基準法も同じ考え方を採用しています。通達（昭和47年9月18日基発第91号）によると、事業場とは「工場、鉱山、事務所、店舗等のごとく一定の場所において相関連する組織のもとに継続的に行なわれる作業の一体」のことで、一言でいうと一定の場所における組織的な集まりを指します。

　よって、同一場所にあるものは原則として1つの事業場となるのに対し、場所的に分散しているものは原則として別個の事業場と判断されます。たとえば、ある事業者が東京に本社、大阪・横浜・福岡に支社を持っている場合、東京本社が1つの事業場、3つの支社でそれぞれの事業場、つまりこの事業者は合計4つの事業場を持っていることになります（次ページ図）。

　ただし、場所的に分散しているものであっても、出張所や支所など規模が著しく小さく、1つの事業場という程度の独立性がないものは、直近上位の機構と一括して1つの事業場として取り扱われます。たとえば、新たに出張所が設置され、労働者1名が派遣されるケースでは、出張所に事業場としての独立した機能がな

いと判断されると、その出張所の上位となる部署・組織と一括して１つの事業場として取り扱われるわけです。

　反対に、同じ場所にあっても、著しく「働き方」（労働の態様）を異にする部門がある場合において、その部門を別個の事業場としてとらえることで労働安全衛生法がより適切に運用できるときは、その部門を別個の事業場としてとらえるものとしています。たとえば、工場と診療所が同じ場所にある場合に、工場と診療所を別個の事業場としてとらえるのが典型的な例です。

●業種の区分について

　建設業や製造業の現場では、大変危険な作業を行うことがあります。重大な事故を引き起こす危険性も高いため、労働安全衛生法は、機械や化学物質の取扱いについて、様々な規制を設けています。

　１つの事業場で行われる業態ごとに定められているのが「業種」です。労働安全衛生法は、業種に応じて異なる安全衛生管理の規制が定められています。１つの事業場において適用されるのは１つの業種のみであるため、同一の場所で複数の業務が行われる場合には、業種ごとに事業場も区別されます。たとえば、工場と事務所が同一の場所にある場合には、工場が「製造業」、事務所が「その他の業種」としての適用を受けます（33ページ）。

■ 事業場のカウント方法

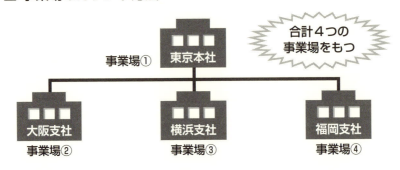

どのような場合に労働安全衛生法上の事業者や労働者にあたるのかについて教えてください。

会社の場合は会社そのものが事業者に該当します。

　労働安全衛生法は、事業場で働く労働者の安全と健康を確保するために、事業者や労働者などが遵守すべき事項が規定されていますが、その大部分は事業者が行わなければならない措置あるいは行うことが禁止されている事項となっています。

　ここで「事業者」とは、その事業における経営主体、つまり「事業を行う者で、労働者を使用するもの」をいいます（2条3号）。具体的には、個人企業の場合は、その個人企業を経営している事業主個人が事業者となり、株式会社や合同会社などの法人企業の場合は、法人自体が事業者になります。労働基準法上の義務主体である「使用者」とは異なり、事業経営の利益帰属主体が事業者となるため、法人の代表者は事業者にあたりません。

　これに対し、事業または事務所（同居の親族のみを使用する事業または事務所を除く）に使用され、賃金を支払われる者が「労働者」です（3条2号）。ただし、家事使用人などは労働安全衛生法の適用が除外されます。注意すべき点は、名称や雇用の形態などは無関係だということです。たとえば、役員の地位を与えられていても、業務執行権を有する者の指揮命令下で労働している場合や、請負契約を結んでいても、業務の実態が被雇用者と変わらない場合は、労働者とみなされることがあります。

事業者にはどんな責任があるのでしょうか。

事業者は、民事・刑事責任の対象となり、行政処分を受ける可能性もあります。

　労働安全衛生法が定められた目的は「労働者の安全と衛生を確保すること」で、労働災害防止もその一環とされています。そのため、労働安全衛生法3条1項では、以下のような事業者の責務が規定されています。
・労働安全衛生法で定める労働災害防止のための最低基準を守る
・快適な職場環境の実現と労働条件の改善を通じて職場における労働者の安全と健康を確保する
・国が実施する労働災害防止に関する施策に協力する
　一方、事業者がどんなに労働災害の防止に努め、労働者の安全と健康を守る努力をしても、労働者がそれを損なうような行為をしては効果をあげることができません。そのため、労働安全衛生法4条では、労働者の責務として事業者が行う措置に協力することなどを規定しています。

●事業者にはどんな責任が発生するのか
　労働安全衛生法に違反した事業者は、刑事責任・民事責任の対象となるとともに、行政処分を受ける場合もあります。

・刑事責任（刑罰）
　労働安全衛生法上の多くの規定の違反については刑事責任の対象となりますが、労働安全衛生法が定める刑罰は違反行為者であ

る個人（自然人）に科されるのが原則です。ただし、違反行為者が事業者の代表者や従業者などである場合には、代表者や従業者などに刑罰が科されるのとともに、事業者にも罰金刑が科されます（122条）。これを両罰規定といいます。

・民事責任

労働安全衛生法違反の結果として労働災害が発生した場合、これにより死傷した労働者またはその遺族は、労働者災害補償保険の給付を受けることができます。しかし、それだけですべてが片付くわけではありません。労働者が労働災害によって受けた精神的苦痛や財産的損害を賠償する民事上の責任が、事業者に対して生じることがあります。

・行政処分（使用停止命令等）

労働安全衛生法の一定の規定に違反する事実がある場合、事業者や注文者などは、作業の停止や建設物等の使用停止・変更といった行政処分を受ける可能性があります（98条）。

また、労働安全衛生法に違反する事実がなくても、労働災害発生の急迫した危険があって緊急の必要がある場合、事業者は、作業の一時停止や、建設物等の使用の一時停止といった行政処分を受ける可能性があります（99条）。

■ 事業者・労働者の責務

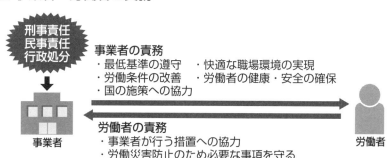

安全配慮義務について教えてください。

労働者の安全や健康を守るため必要な措置を講ずることが必要です。

　事業者（使用者）には「安全配慮義務」が課せられています。安全配慮義務はもともと、法律の規定ではなく労働災害をめぐる判例の中で、裁判所が事業者の損害賠償義務を肯定する論拠として用いた理論でした。安全配慮義務とは、労働者が職場において安全に労務を提供できる環境を整備する義務ということです。これは労働災害の発生を防止し、労働者を保護するために定められた最低限度の義務だといえます。

　この安全配慮義務は多くの判例で認められた後、労働契約法に規定が置かれるに至っています。労働契約法5条は、「使用者は、労働契約に伴い、労働者がその生命、身体等の安全を確保しつつ労働することができるよう、必要な配慮をするものとする」と定めており、事業者（使用者）が労働者に対して安全配慮義務を負うことが明示されています。

　もっとも、事業者に求めている「必要な配慮」の内容は一義的に定まるものではなく、当該事業場での労働者が担う職種や職務の内容などに応じて、個別に決定せざるを得ません。安全配慮義務を果たすため、事業者がどのような対策を講じていくかについては、様々な場面が想定できるため、ケース・バイ・ケースで考えていく必要があります。

たとえば、危険な作業方法などを伴う業務に従事する労働者に対しては、その労働者を危険から守るための必要な措置を具体的に講じることが要求されます。

　また、労働時間が長くなりすぎてしまい、労働者が過労死するかもしれない状況が生じている場合には、その労働者の業務内容を洗い出した上で、振り分けが可能な分は他の労働者に行わせる方法や、新たな労働者を雇う方法など、労働者の負担を軽減する措置を講じることが要求されます。

　さらに、労働者の健康を確保するため、専門医による健康相談（カウンセリング）などを定期的に実施することも重要です（69条参照）。健康相談などにより健康上の問題が発覚した場合には、そのつど必要な措置を講じることが要求されます。

　このように、事業者が果たすべき安全配慮義務の内容は、労働者が置かれた労働環境の状況に応じて変化します。

　労働者が劣悪な労働環境に置かれた場合、心身を害して休職をする可能性や、退職につながる可能性があります。事業者は、貴重な人材を失うばかりか、劣悪な労働環境に対する訴えを起こされるケースもあり、多大な労力を費やすおそれがあります。

　このような事態を防ぐため、事業者は、労働者の安全や健康を守るために何をするべきかを常に考え、状況に応じて必要な措置を講じていかなければなりません。

■ 安全配慮義務

| 安全配慮義務 | 違 反 → | 事業者は損害賠償義務などを負う |

- 労働者の生命・身体などの安全を確保するため、必要な措置を講じなければならない
- 労働安全衛生法上の義務の遵守に限らず、労働者の健康や安全を確保する姿勢が重要

どのような場合に企業の安全配慮義務違反が問われるかについて教えてください。

使用者（事業者）は労働者を危険から守るために必要な措置を常に考える必要があります。

　どのような安全配慮義務が要求されるのかは、労働者の置かれた労働環境に応じて変わるため（前ページ）、一概に説明することはできませんが、ここでは「安全配慮義務違反がある」という判断がなされたいくつかの裁判例を示していきます。

　まず、製造現場での被災という点において「石綿セメント管を製造していた会社の従業員に対する安全配慮義務違反」が認められたケースがあります（さいたま地裁平成24年10月10日判決）。石綿（アスベスト）に関しては、作業に従事した労働者に対する多大な健康被害が現在でもたびたび取り上げられています。

　なお、石綿の健康被害については、石綿健康被害救済法に基づいて、平成19年4月以降、労災保険適用事業場のすべての事業主（事業者）に対して、石綿健康被害救済のための一般拠出金の負担を義務付けています。料率（負担割合）は業種を問わず一律で、労働保険の年度更新手続時または事業終了（廃止）時に、一般拠出金の申告と納付を行います。

　次に、宿直中の労働者が外部からの侵入者により殺傷された事件が発生したケースでは、会社が外部からの侵入者を防ぐための物的設備を施すなどの措置を講じなかった点に安全配慮義務違反があったとされました（最高裁昭和59年4月10日判決）。

さらに、労働者が過労死した事件においては、会社が労働者の健康に配慮し、業務の軽減・変更などの方法で労働者の負担を軽減するための適切な措置をとらなかった点に安全配慮義務違反があったとされました（東京高裁平成11年7月28日判決）。

他にも、労働者が勤務中に自動車の運転を誤って同乗者を死亡させた事件では、会社などの安全配慮義務として、車両の整備を十分に行う義務や、十分な運転技術を持つ者を自動車の運転手として指名する義務があるとされています（最高裁昭和58年12月6日判決、最高裁昭和58年5月27日判決）。

そして、安全配慮義務は、会社などの使用者（事業者）と労働者との雇用契約関係に基づく事業者の付随義務として位置付けられているため、安全配慮義務違反があった場合は、原則として使用者が債務不履行に基づく損害賠償責任を負うことになります。

もっとも、債務不履行に基づく損害賠償責任を負うのは、原則として使用者に帰責事由が認められる場合です。また、労働者に生じた損害と従事していた業務との間の因果関係も必要です。そのため、使用者は、安全配慮義務違反があるとしても、直ちに損害賠償責任を負うわけではありません。

■ 安全配慮義務違反が肯定された事例

石綿セメント管を製造していた会社の従業員に対する安全配慮義務違反
➡ 会社が石綿による健康被害を防止する適切な措置を講じなかった点に違反を肯定

宿直中の労働者が外部からの侵入者により殺傷された事件
➡ 会社が外部侵入者を防ぐ物的設備を施すなどの措置を講じなかった点に違反を肯定

労働者が過労死した事件
➡ 会社が業務負担の軽減などの適切な措置を講じなかった点に違反を肯定

 中高年齢者に対してはどのような安全配慮がなされるべきなのでしょうか。

 身体に過重な負担がかからないように配慮する必要があります。

　近年、少子高齢化や不景気などの影響により、中高年の労働者の割合が増加する事業場が多くあります。経験豊富で知識量、技術力の高い労働者がいるのは、事業場にとって財産といえるものの、その一方で年齢が高くなるとともに心身の機能が衰え、労働能力が低下する傾向があることも事実です。また、中高年齢者（中高齢者）が労働災害にあった場合、若年者に比べて、治癒に多くの日数が必要であるという傾向もあります。

　このため、労働安全衛生法62条では、事業者が中高年齢者について「心身の条件に応じて適正な配置を行う」ように努力することを求めています。つまり、中高年齢者に対する安全配慮として適正配置が求められているといえます。中高年齢者に対する安全配慮としては、身体的に過重な負担がかかる作業を行う部門から軽易な作業を行う部門に移す方法や、それまで一人で行っていた業務を複数で分担できるようにする方法などが考えられます。

　もっとも、労働者の身体的機能や労働能力は、単純に年齢だけではかれるものではありません。事業者としては、個々の労働者の心身の状況をチェックした上で、必要な措置を検討することが必要です。なお、中高年齢者の具体的な年齢は、厚生労働省ではおおむね50歳以上を想定しています。

労災保険について教えてください。

原則として労働者が1人でもいれば制度に加入しなければなりません。

労働者災害補償保険（労災保険）は、仕事中や通勤途中に発生した労働者のケガ、病気、障害、死亡に対して、迅速で公正な保護をするために必要な保険給付を行うことを主な目的としています。また、その他にも負傷労働者やその遺族の救済を図るために様々な社会復帰促進等事業（労災による被災労働者の社会復帰の促進、その遺族に対する援護などを行う事業）を行っています。

つまり、労災保険は労働者の稼得能力（働いて収入を得る能力）の損失に対する補てんをするために、必要な保険給付を行っているといえます。

労災保険は事業所（事業場）ごとに適用されるのが原則です。本社の他に支店や工場などがある会社については、本店は本店のみで独自に労災保険に加入し、支店は支店で本店とは別に労災保険に加入することになります。

ただ、支店や出張所などでは労働保険の事務処理を行う者がいないなどの一定の理由がある場合は、本店（本社）で事務処理を一括して行うことができます。

●**1人でも雇ったら自動的に労災保険が適用になる**

労災保険は労働者を1人でも使用する事業を強制的に適用事業としています。つまり、労働者を雇った場合には、自動的に労災

保険の適用事業所になります。届出があってはじめて労災保険が適用されるわけではありません。

しかし、労災保険料が全額事業主負担であることを考えると、すべての事業を強制的に労災保険に加入させるのには無理があります。また、労災事故（仕事中の事故）が起きにくい事業や、起きたとしても比較的軽いことが予想される事業も中にはあります。そこで、個人経営の事業で一定の事業に限っては、労災保険への加入を強制しないことにしました。

このように、労災保険への加入が任意となっている事業を暫定任意適用事業といいます。暫定というのは「当分の間」という意味です。労働者保護の観点からは、将来的にはすべての事業について労災保険に加入すべきであると考えられるため、暫定ということになっています。暫定任意適用事業とは、具体的には下図の①～③までの個人経営の事業になります。

なお、会社などの法人については、規模などに関係なくすべて労災保険に加入することになります。

■ **暫定任意適用事業**

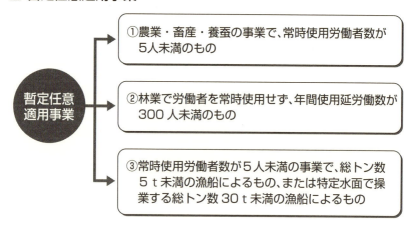

Question 11 健康保険について教えてください。

Answer 労働者が業務外でケガ・病気・死亡・出産した場合に給付を行います。

「社会保険」には健康保険、厚生年金保険、介護保険などがあります。社会保険のうち健康保険は医療保険、厚生年金保険は年金保険です。健康保険と厚生年金保険は給付目的や内容が異なるものの、適用事業所などの部分で共通点があることから、手続きを同時に行うケースが多くあります。なお、事業所とは、本店だけを意味するのではなく、本店（本社）の他、支店、出張所、工場などがそれぞれ独立した事業所と扱われます。

健康保険を管理・監督するのは、保険者である全国健康保険協会（協会けんぽ）または健康保険組合です。

健康保険と厚生年金保険は必ず同時に加入し、適用事業所も原則として同じです。社会保険は事業所単位で適用され、事業所ごとに「適用事業所」としての扱いを受けます。会社などの法人の場合は、事業の種類に関係なく1人でも従業員がいれば、社会保険への加入義務が発生します。

適用事業所で働く者（従業員）は、原則としてすべて被保険者です。代表者や役員も法人に使用されるものと考えるため、代表者などの役員も被保険者です。パートタイマーやアルバイトなどの非正規労働者の場合は、正規の社員（労働者）の勤務時間と勤務日数のおおむね4分の3以上勤務する場合には一般的に被保険

者となります。また、健康保険制度では、被保険者の他、被保険者に扶養される一定の親族も給付を受けることができます。健康保険において被扶養者になる人は、主に被保険者に生計を維持されている者です。なお、厚生年金保険法の改正により、平成28年10月以降は基準が①週20時間以上、②月額賃金8.8万円以上（年収106万円以上）、③勤務期間1年以上の要件を充たす労働者に緩和されています。

● 健康保険の給付

健康保険は、被保険者と被扶養者がケガ・病気をした場合や死亡、分娩時に必要な保険給付を行うことが目的で、具体的な納付内容は図の通りです。なお、業務上の災害や通勤災害には労災保険が適用されるため、健康保険の適用は業務外の事故（災害）で負傷等した場合に限られます。

■ 健康保険の給付内容

種　　類	内　　容
療養の給付	病院や診療所などで受診する、診察・手術・入院などの現物給付
療養費	療養の給付が困難な場合などに支給される現金給付
家族療養費	家族などの被扶養者が病気やケガをした場合に被保険者に支給される診察や治療代などの給付
入院時食事療養費	入院時に提供される食事に要した費用の給付
入院時生活療養費	入院する65歳以上の者の生活療養に要した費用の給付
保険外併用療養費	先進医療や特別の療養を受けた場合に支給される給付
訪問看護療養費	在宅で継続して療養を受ける状態にある者に対する給付
高額療養費	自己負担額が一定の基準額を超えた場合の給付
移送費	病気やケガで移動が困難な患者を移動させた場合の費用給付
傷病手当金	業務外の病気やケガで働くことができなくなった場合の生活費
埋葬料	被保険者が業務外の事由で死亡した場合に支払われる給付
出産育児一時金	被保険者およびその被扶養者が出産をしたときに支給される一時金
出産手当金	産休の際、会社から給料が出ないときに支給される給付

第2章

安全衛生管理体制の全体像

安全衛生管理体制をどのように構築したらよいのでしょうか。

安全を確保するための管理者を置かなければなりません。

　事業者は安全で快適な労働環境を維持することが求められています。しかし、どんなに事業者が「安全第一」という理想を掲げ、労働環境の整備を試みても、実際に業務を行う労働者にその意図が正確に伝わらず、ばらばらに動いていたのでは労働災害を防ぐことはできません。その目的を達成するためには、安全確保に必要なものが何であるかを把握し、労働者に対して具体的な指示を出し、これを監督する者の存在が不可欠となります。

　このため、労働安全衛生法では安全で快適な労働環境を具体的に実現する上での土台として安全衛生管理体制を構築し、責任の所在や権限、役割などを明確にするよう義務付けています。

　労働安全衛生法では、その事業場の業種や規模に応じて構築すべき安全衛生管理体制の内容を分類しています。まず、設置すべき組織には、次のような種類があります。なお、労働基準監督署長は、労働災害を防ぐため必要があると認める場合は、事業者に対し、安全管理者・衛生管理者の増員・解任の命令を出すことができます（11条2項、12条2項）。

① **総括安全衛生管理者（10条）**

　安全管理者、衛生管理者などを指揮するとともに、労働者の危険防止や労働者への安全衛生教育の実施といった安全衛生に関す

る業務を統括管理します。
② **安全管理者（11条）**
　安全に関する技術的事項を管理します。安全管理者は、事業場における安全や衛生について、技術的な専門知識を持ち、学歴に応じて2年以上または4年以上といった産業安全に関する実務経験を持つ者であることなどが選任要件です。
③ **衛生管理者（12条）**
　衛生に関する技術的事項を管理します。衛生管理者は、極めて専門的な知識が要求されるため、第一種衛生管理者免許・衛生工学衛生管理者免許などを受けた者、医師・歯科医師などの一定の有資格者であることが選任要件となっています。
④ **安全衛生推進者・衛生推進者（12条の2）**
　安全管理者や衛生管理者の選任を要しない事業場で、総括安全衛生管理者が総括管理する業務を担当します（衛生推進者は衛生に関する業務に限る）。
⑤ **産業医（13条）**
　労働者の健康管理等を行う医師のことです。労働者の健康管理に関して、事業者に勧告を行うなどの権限が与えられています。
⑥ **作業主任者（14条）**
　高圧室内作業などの政令が定める危険・有害作業に労働者を従事させる場合に選任され、労働者の指揮などを行います。

●**業種の区分**
　一般の安全衛生管理体制においては、業種を次のように区分しています（施行令2条）。
ⓐ　林業、鉱業、建設業、運送業、清掃業
ⓑ　製造業（物の加工業を含む）、電気業、ガス業、熱供給業、水道業、通信業、各種商品卸売業、家具・建具・什器等卸売業、各種商品小売業、家具・建具・什器小売業、燃料小売業、旅館

業、ゴルフ場業、自動車整備業、機械修理業
ⓒ　その他の業種

　総括安全衛生管理者は、労働者数が常時100人以上のⓐの事業場、常時300人以上のⓑの事業場、常時1000人以上のⓒの事業場で選任します。安全管理者は、労働者数が常時50人以上のⓐとⓑの事業場で選任します。衛生管理者や産業医は、労働者数が常時50人以上のすべての業種の事業場で選任します。

■ 労働安全衛生法で配置が義務付けられているスタッフ

業　種	規模・選任すべき者等
製造業(物の加工を含む)、電気業、ガス業、熱供給業、水道業、通信業、各種商品卸売業、家具・建具・什器等卸売業、各種商品小売業、家具・建具・什器小売業、燃料小売業、旅館業、ゴルフ場業、自動車整備業、機械修理業	①常時10人以上50人未満 　安全衛生推進者 ②常時50人以上300人未満 　安全管理者、衛生管理者、産業医 ③常時300人以上 　総括安全衛生管理者、安全管理者、衛生管理者、産業医
林業、鉱業、建設業、運送業、清掃業 (建設業のうち、ずい道（トンネル）工事、圧気工事、橋梁工事で労働者数が常時20人以上30人未満の場合、鉄骨造または鉄骨鉄筋コンクリート造の建設工事で労働者数が常時20人以上50人未満の場合は、別に店社安全衛生管理者が必要)	①常時10人以上50人未満 　安全衛生推進者 ②常時50人以上100人未満 　安全管理者、衛生管理者、産業医 ③常時100人以上 　総括安全衛生管理者、安全管理者、衛生管理者、産業医
上記以外の業種	①常時10人以上50人未満 　衛生推進者 ②常時50人以上1000人未満 　衛生管理者、産業医 ③常時1000人以上 　総括安全衛生管理者、衛生管理者、産業医
建設業及び造船業であって下請が混在して作業が行われる場合（元方安全衛生管理者は建設業のみ選任義務がある）	①現場の全労働者数が常時50人以上の場合（ずい道、圧気工事、橋梁工事については常時30人以上） 　統括安全衛生責任者、元方安全衛生管理者 ②統括安全衛生責任者を選任すべき事業者以外の請負人 　安全衛生責任者

工事現場での安全管理体制について教えてください。

下請業者の安全管理を徹底するための特別のしくみが採られています。

　建設現場などでは、発注者から仕事を直接請け負った「元方事業者」（1つの場所で行う事業の仕事の一部を請負人に依頼している事業者のことで、複数の請負関係が存在する事業の場合は最も上位に位置する注文者を指します）と、その元方事業者から仕事を請け負った下請事業者（労働安全衛生法では「関係請負人」と名付けています）が混在して仕事をするのが一般的です。

　このような現場では、それぞれの事業者ごとに安全管理体制を構築していても管理が行き届かず、労働災害が起こりやすくなります。また、元方事業者に比べて、下請事業者が担う仕事の内容は、部分的であるがゆえに専門性が高く、危険を伴うことが少なくありません。そのため、元方事業者の労働者以上に、下請事業者の労働者においては労働災害が発生する確率が相対的に高くなっていますので、より一層徹底した安全管理体制の確立が求められているといえます。そのため、労働者の安全管理体制について、下請事業者内部の問題とするだけでなく、当該仕事を依頼した元方事業者に対しても一定の責任を負わせています。

　労働安全衛生法は、主に建設業の事業者に対し、前述した安全衛生管理体制（32ページ）に加えて、元方事業者が統括安全衛生責任者、元方安全衛生管理者、店社安全衛生管理者を選任し、下

請業者が安全衛生責任者を選任することで、現場の全体を統括できる安全管理体制を構築するように義務付けています。

・**統括安全衛生責任者（15条）**

　元方事業者と下請事業者の連携をとりながら、労働者の安全衛生を確保するための責任者のことです。元方事業者と下請事業者の双方の労働者が同じ場所で作業を行うことで生ずる労働災害を防止するため、現場の安全衛生の統括管理を行います。

・**元方安全衛生管理者（15条の２）**

　統括安全衛生責任者の下で技術的な事項を管理する実質的な担当者のことです。現場の労働災害を防止するために必要とする措置を行う権限を受けています。

・**店社安全衛生管理者（15条の３）**

　統括安全衛生責任者の選任を要しない小規模な建設現場において、労働者の安全を確保するため、元方事業者と下請事業者の連携をとりながら、現場の安全衛生の指導などをする者です。

・**安全衛生責任者（16条）**

　大規模な建設業の現場等で労働災害を防止するために、下請事業者が選任する現場の安全衛生を担当する者です。

■ **大規模な建設現場における安全管理体制**

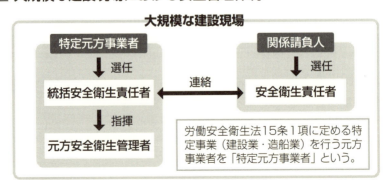

総括安全衛生管理者について教えてください。

事業場の安全衛生管理の最高責任者です。

　以下の条件に該当する事業場では、総括安全衛生管理者を選任することが義務付けられています（10条1項）。
① 　林業、鉱業、建設業、運送業、清掃業の事業場では、常時100人以上の労働者を使用している場合
② 　製造業（物の加工業を含む）、電気業、ガス業、熱供給業、水道業、通信業、各種商品卸売業、家具・建具・じゅう器（什器）等卸売業、各種商品小売業、家具・建具・じゅう器小売業、燃料小売業、旅館業、ゴルフ場業、自動車整備業、機械修理業の事業場では、常時300人以上の労働者を使用している場合
③ 　その他の業種の事業場では、常時1000人以上の労働者を使用している場合

　この条件に合致している事業場が総括安全衛生管理者を選任しなかった場合、事業者には50万円以下の罰金が科せられる可能性があります（120条1号、122条）。

●どんなことをしなければならないのか
　総括安全衛生管理者の役割は、安全管理者や衛生管理者などを指揮し、事業場全体の安全衛生に関する業務を統括管理することです。具体的には、以下の業務を総括管理します。
① 　労働者の危険または健康障害を防止するための措置に関する

こと
② 労働者の安全または衛生のための教育の実施に関すること
③ 健康診断の実施その他健康の保持増進のための措置に関すること
④ 労働災害の原因の調査および再発防止対策に関すること
⑤ ①～④の他、労働災害を防止するため必要な業務で、厚生労働省令で定めるもの（安全衛生に関する方針の表明、安全衛生に関する計画の作成・実施・評価・改善、業務中の危険性や有害性等の調査など）

●選任手続きについて

　総括安全衛生管理者には、当該事業場において、その事業の実施を実質的に総括管理する権限および責任を有する者を選任します（10条2項）。主な仕事は「人の管理」であるため、統括管理の権限をもち、責任を負う立場にあれば、特別な資格や経験は不要です。なお、総括安全衛生管理者の選任は、総括安全衛生管理者を選任すべき事由が発生した日から14日以内に行わなければなりません。選任後は、遅滞なく所轄労働基準監督署長に選任報告書を提出する必要があります。

■ 総括安全衛生管理者の選任

業　種	事業場の規模 （常時使用する労働者数）
林業、鉱業、建設業、運送業、清掃業	100人以上
製造業（物の加工業を含む）、電気業、ガス業、熱供給業、水道業、通信業、各種商品卸売業、家具・建具・じゅう器等卸売業、各種商品小売業、家具・建具・じゅう器小売業、燃料小売業、旅館業、ゴルフ場業、自動車整備業、機械修理業	300人以上
その他の業種	1000人以上

安全管理者について教えてください。

安全や衛生を管理する有資格者です。

　安全管理者とは、事業場の安全についての技術的事項を管理する専門家のことです。そのため、安全管理者となるには、安全に関する一定の資格が必要です（11条1項）。具体的には、以下のいずれかの資格を保有する者でなければなりません。
① 　大学や高等専門学校などで理科系統の正規の過程を修めて卒業して2年（高等学校や中等教育学校の卒業者の場合は4年）以上「産業安全の実務」に従事した者のうち、厚生労働大臣が定めた安全についての技術的事項を管理するのに必要な知識についての研修を修了したもの
② 　労働安全コンサルタント
③ 　その他で厚生労働大臣が指定する者

　安全管理者が担当する業務は、まず、労働安全衛生法10条1項が規定する以下の業務（総括安全衛生管理者が統括管理する業務）のうち、安全についての技術的事項を管理することです。
① 　労働者の危険または健康障害を防止するための措置に関すること
② 　労働者の安全または衛生のための教育の実施に関すること
③ 　健康診断の実施その他健康の保持増進のための措置に関すること

④　労働災害の原因の調査および再発防止対策に関すること
⑤　①〜④の他、労働災害を防止するため必要な業務で、厚生労働省令で定めるもの

　もう一つの業務は、作業場等を巡視（巡回）し、設備や作業方法などに危険のおそれがある場合には、直ちにその危険を防止するための必要な措置を講じなければならないことです。衛生管理者や産業医などとは異なり、作業場等の巡視の回数や頻度についての定めは特にありません。
　なお、安全管理者の業務は、総括安全衛生管理者が選任されている事業場では、その指揮の下で行うことになります。

●選任手続きについて

　製造業、林業、建設業などの一定の業種で、事業場で常時使用する労働者の数が50人以上の場合に、安全管理者の選任が義務付けられています（11条1項）。安全管理者の選任は、安全管理者を選任すべき事由が発生した日から14日以内に行わなければなりません。また、原則として事業場に専属（当該事業場のみで勤務すること）の者を選任しなければなりません。ただし、2人以上の安全管理者を選任する場合で、その安全管理者の中に労働安全コンサルタントが含まれる場合は、当該労働安全コンサルタントのうち1人は事業場に専属の者である必要はありません。

■ 安全管理者を選任しなければならない業種と規模 ……………

業　種	事業場の規模 （常時使用する労働者数）
林業、鉱業、建設業、運送業、清掃業、製造業（物の加工業を含む。）、電気業、ガス業、熱供給業、水道業、通信業、各種商品卸売業、家具・建具・じゅう器等卸売業、各種商品小売業、家具・建具・じゅう器小売業、燃料小売業、旅館業、ゴルフ場業、自動車整備業、機械修理業	50人以上

 衛生管理者について教えてください。

 事業場の衛生に関する技術的事項についての管理者です。

　衛生管理者とは、事業場の衛生についての技術的事項を管理する専門家のことです。そのため、衛生管理者となるには、衛生に関する一定の資格が必要です（12条1項）。具体的には、以下のいずれかの資格を保有する者でなければなりません。
① 衛生工学衛生管理者免許
② 第一種衛生管理者免許（すべての業種で衛生管理者になることができる資格）
③ 第二種衛生管理者免許（有害業務と関連の薄い業種で衛生管理者になることができる資格）
④ 医師・歯科医師
⑤ 労働衛生コンサルタント
⑥ その他で厚生労働大臣が指定する者

　衛生管理者は、業種を問わず、常時50人以上の労働者を使用する事業場で選任が義務付けられており、労働者の人数に応じて選任すべき衛生管理者の人数が決まります。具体的には、ⓐ常時50人以上200人以下の事業場は1人以上、ⓑ常時201人以上500人以下の事業場は2人以上、ⓒ常時501人以上1000人以下の事業場は3人以上、ⓓ常時1001人以上2000人以下の事業場は4人以上、ⓔ常時2001人以上3000人以下の事業場は5人以上、ⓕ常時3001人以

上の事業場は6人以上となっています。

　衛生管理者が担当する業務は、労働安全衛生法10条1項が規定する業務（39ページ）のうち、衛生についての技術的事項を管理することです。もう一つは、少なくとも毎週1回作業場等を巡視（巡回）し、設備、作業方法、衛生状態に有害のおそれがある場合には、直ちに労働者の健康障害を防止するため必要な措置を講じなければならないことです。なお、衛生管理者の業務は、総括安全衛生管理者が選任されている事業場では、その指揮の下で行うことになります。

●選任手続きについて

　衛生管理者の選任は、衛生管理者を選任すべき事由が発生した日から14日以内に行わなければなりません。また、原則として事業場に専属の者を選任すべきですが、2人以上の衛生管理者を選任する場合で、その衛生管理者の中に労働衛生コンサルタントが含まれる場合は、当該労働衛生コンサルタントのうち1人は事業場に専属の者である必要はありません。

■ 衛生管理者の選任要件

第2種衛生管理者免許を有する者を衛生管理者に選任できない業種	農林畜水産業、鉱業、建設業、製造業（物の加工業を含む）、電気業、ガス業、水道業、熱供給業、運送業、自動車整備業、機械修理業、医療業、清掃業
衛生管理者のうち少なくとも1人を専任（衛生管理者の業務に専任する者）にすべき場合	・常時1001人以上の労働者を使用する事業場 ・常時501人以上の労働者を使用し、かつ、一定の有害業務に常時30人以上の労働者を従事させる事業場

 安全衛生推進者、衛生推進者について教えてください。

 小規模の事業場で安全衛生の推進を担います。

　小規模の事業場で職場の安全と衛生を担うのが、安全衛生推進者や衛生推進者です。常時10人以上50人未満の労働者を使用する事業場では、業種に応じて、安全衛生推進者か衛生推進者のいずれかを選任しなければなりません。

　具体的には、安全管理者の選任を要する業種の事業場では、安全衛生推進者を選任する義務を負います（次ページ図）。一方、それ以外の業種（金融業など）の事業場では、比較的危険度が低いとされるため、衛生推進者を選任する義務を負います。

　安全衛生推進者や衛生推進者が担当する業務は、労働安全衛生法10条1項が規定する業務（39ページ）です。たとえば、施設や設備等の点検、健康診断や健康の保持増進のための措置、安全衛生教育、異常な事態における応急措置などです。ただし、衛生推進者は「衛生に係る業務」のみを担当します（12条1項）。

●選任手続きや資格について

　安全衛生推進者等（安全衛生推進者または衛生推進者）は、これらを選任すべき事由が発生した日から14日以内に選任しなければなりませんが、所轄労働基準監督署長などに選任報告書を提出する義務はありません。

　また、安全衛生推進者等に選任される資格を有するのは、都道

府県労働局長の登録を受けた者が行う講習を修了した者、大学卒業後１年以上安全衛生（衛生推進者にあっては衛生）の実務を経験した者など、安全衛生推進者等の業務を行うために必要な能力を有すると認められる者です。

高等学校・中等教育学校を卒業した者は３年、その他の者は５年以上の安全衛生（衛生推進者にあっては衛生）の実務経験が必要になります。

そして、安全衛生推進者等の選任後、事業者は、当該安全衛生推進者等の氏名を関係労働者に周知させなければなりません。具体的には、「作業場の見やすい場所に掲示する」「腕章をつけさせる」「他の作業員とは違う色の帽子やヘルメットを着用させる」「役職名と氏名を記載した名札を着用させる」などの方法による周知が考えられます。

■ **安全衛生推進者、衛生推進者の選任と業務**

安全衛生推進者の選任が必要な業種	事業規模	安全衛生推進者の業務内容
林業、鉱業、建設業、運送業、清掃業、製造業（物の加工業を含む）、電気業、ガス業、熱供給業、水道業、通信業、各種商品卸売業、家具・建具・じゅう器等卸売業、各種商品小売業、家具・建具・じゅう器小売業、燃料小売業、旅館業、ゴルフ場業、自動車整備業、機械修理業	労働者の数が常時10人以上50人未満の事業場	・施設や設備等の点検および使用状況の確認 ・安全衛生教育 ・健康診断および健康の保持増進のための措置 ・労働災害の原因の調査および再発防止対策　　など
衛生推進者の選任が必要な業種	**事業規模**	**衛生推進者の業務内容**
安全衛生推進者の選任が必要な業種以外の業種	労働者の数が常時10人以上50人未満の事業場	安全衛生推進者の業務と同じ（衛生に係る業務に限る）

作業主任者について教えてください。

危険な作業において労働災害の防止を担う専門家です。

　労働者が特に危険な場所において業務を行う場合に、労働災害の防止のために選任されるのが作業主任者です（14条）。作業主任者の選任義務が生ずるのは、事業の規模に関係なく、主として以下のような危険・有害作業に労働者を従事させる場合です。
① 高圧室内作業
② ボイラーの取扱いの作業
③ ガンマ線照射装置を用いて行う透過写真の撮影の作業
④ コンクリート破砕器を用いて行う破砕の作業
⑤ 高さが5m以上のコンクリート造の工作物の解体または破壊の作業

　作業主任者の業務は、現場の労働者が行う作業の内容に応じて異なります。一般的には、作業に従事する労働者の指揮の他、使用する機械等の点検、安全装置等の使用状況の監視、異常発生時の必要な措置などを行います。

　作業主任者になる資格を有するのは、ⓐ都道府県労働局長の免許を受けた者、またはⓑ都道府県労働局長の登録を受けた者が行う技能講習を修了した者です（14条）。ⓐⓑのどちらを必要とするかは作業の内容によって異なります。たとえば、高圧室内作業や大規模なボイラー取扱作業などの場合は、ⓐの免許取得者でな

ければ作業主任者になることができません。一方、小規模のボイラー取扱作業などの場合は、ⓐの免許取得者の他、ⓑの技能講習修了者も作業主任者の資格を有します。作業の内容に応じて必要とされている免許や技能講習は、労働安全衛生規則16条・別表第一で細分化されていますが、技能講習は都道府県労働局長の登録を受けた「登録教習機関」が執り行っています。

● 作業主任者の周知義務とは

　作業主任者の選任後、事業者は、作業主任者の氏名やその者に行わせる事項を「作業場の見やすい箇所に掲示する等」の方法で関係労働者に周知させなければなりません。「掲示する等」の方法には、作業主任者に腕章を付けさせる、特別の帽子を着用させるなどの措置が含まれます。

　一方、作業主任者については、安全衛生推進者や衛生推進者などとは異なり、選任しなければならない理由が生じてから14日以内に選任する義務や、所轄労働基準監督署長などに選任報告書を提出する義務は課されていません。また、代理者を選任する必要はなく、専属・専任の者を選任する必要もありません。

■ 作業主任者一覧表 ……………………………………………

作業主任者一覧表

作業の内容	作業主任者 氏名
地山の掘削作業（5m）	青木　高雄
型枠支保工の組立作業	井上　健二
足場組立作業	宇野　琢磨

作業場の見やすい箇所に掲示

 産業医について教えてください。

 労働者の健康管理等を担う医師です。

　産業医とは、事業者と契約して、事業場における労働者の健康管理等を行う医師のことです（13条1項）。常時50人以上の労働者を使用するすべての業種の事業場において選任が義務付けられています。特に常時3000人を超える労働者を使用する事業場は、産業医を2人以上選任しなければなりません。

　産業医は、労働者の健康管理等を行うのに必要な医学に関する知識や、労働衛生に関する知識を備えていることが必要です（13条2項）。そこで、産業医となるためには、以下のいずれかの資格を保有する医師であることが必要とされています。

① 厚生労働大臣の指定する者が行う労働者の健康管理等を行うのに必要な医学知識についての研修を修了した者
② 産業医の養成等を目的とする医学の正規課程を設置する産業医科大学その他の大学を卒業した者であって、その大学の実習を履修した者
③ 労働衛生コンサルタント試験の合格者で、試験区分が保健衛生である者
④ 大学において労働衛生に関する科目を担当する教授、准教授、講師（常時勤務）またはこれらの経験者
⑤ その他厚生労働大臣が定める者

産業医は、選任すべき事由が発生した日から14日以内に選任しなければなりません。産業医の選任後は、遅滞なく選任報告書を所轄労働基準監督署長に提出しなければなりません。

●産業医の業務など

産業医の主な業務は、健康診断の実施や作業環境の維持管理などの労働者の健康管理、健康教育や健康相談、労働者の健康障害の原因の調査や再発防止のための措置などです。その他、少なくとも毎月1回作業場等を巡視し、作業方法または衛生状態に有害のおそれがあると判断すれば、直ちに労働者の健康障害を防止するために必要な措置を講じなければなりません。平成29年施行の法改正で、事業者の同意と所定の情報提供がある場合には、作業場等の巡視は「少なくとも2か月に1回以上」に変更することが可能になりました。

また、産業医は、労働者の健康を確保するため必要があると認めるときは、事業者に対し、労働者の健康管理等について必要な勧告をすることができます（13条3項）。勧告を受けた事業者は、その内容を尊重しなければなりません（13条4項）。

■ 産業医の役割

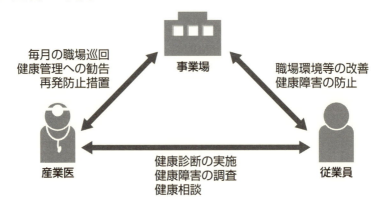

専属の産業医を置かないといけない事業場もあるのでしょうか。産業医の選任義務のない事業所もあるのでしょうか。

一定の規模以上または有害業務を行う事業場では専属の産業医の選任義務を負います。

　産業医は、常時50人以上の労働者を使用するすべての業種の事業場で選任しなければなりませんが、以下のいずれかに該当する事業場では、専属の産業医を選任する必要があります。
① 　常時1000人以上の労働者を使用する事業場
② 　坑内労働、多量の高熱物体を取り扱う業務、有害放射線にさらされる業務など、一定の有害業務に、常時500人以上の労働者を使用する事業場
　また、常時3000人を超える労働者を使用する事業場では、2人以上の産業医を選任しなければなりません。この場合、2人以上の産業医のうち、少なくとも1人が専属の産業医でなければなりません。

●産業医の選任義務のない事業場とは
　常時50人未満の労働者を使用する事業場では、産業医の選任義務はありませんが、労働者の健康管理等を行うべきであることは言うまでもありません。そこで、労働安全衛生法13条の2は、事業者に対し、このような事業場についても、医師や地域産業保健センターの名簿に記載されている保健師などに、労働者の健康管理等を行わせるよう努めることを求めています。

安全委員会、衛生委員会、安全衛生委員会について教えてください。

安全委員会、衛生委員会、安全衛生委員会は毎月1回以上開催しなければなりません。

　事業者は、職場における労働者の安全衛生の確保と健康管理を行わなければなりません。そのため、一定規模以上の事業場では安全委員会や衛生委員会を設置することが義務付けられており、労働者の安全衛生を確保する必要があります。

　安全委員会とは、労働者の危険の防止や労働災害の原因・再発防止対策（安全に係るもの）などについて調査審議する委員会のことです（17条1項）。安全委員会では、労働者が事業場の安全衛生について理解と関心を持ち、事業者と意見交換を行います。労働者の意見が事業者の行う安全衛生措置に反映され、結果的に安全衛生管理体制を向上させることがねらいです。

　衛生委員会とは、労働者の健康障害の防止や健康の保持増進などについて調査審議する委員会のことです（18条1項）。労働災害の原因および再発防止対策（衛生に係るもの）も調査審議の対象となります。なお、安全委員会や衛生委員会は、毎月1回以上開催しなければなりません。

●**安全委員会を設置するには**

　安全委員会は、ⓐ林業、鉱業、建設業などでは常時50人以上、ⓑ製造業、電気業、ガス業、熱供給業などでは常時100人以上を使用する事業場で設置義務が生じます。また、安全委員会の委員

は、以下に該当する者で構成されます（17条2項）。
① 総括安全衛生管理者または総括安全衛生管理者以外の者で当該事業場においてその事業の実施を統括管理するものもしくはこれに準じる立場のものの中から事業者が指名した者
② 安全管理者の中から事業者が指名した者
③ 当該事業場の労働者で、安全に関し経験を有する者の中から事業者が指名した者

　①に該当する委員は1人を指名し、その者が議長となります（17条2項、3項）。ただし、総括安全衛生管理者の選任義務がある事業場の場合は、①の委員は総括安全衛生管理者でなければなりません。また、②③に該当する委員の半数は、事業場に過半数組合（過半数の労働者で組織する労働組合）が存在する場合はその労働組合、過半数組合がない場合は過半数代表者（労働者の過半数を代表する者）の推薦に基づき指名する必要があります。

　なお、安全委員会の委員には、派遣先で就労する派遣労働者を指名することができます。この場合の派遣労働者は、安全に関しての経験をもつ者であることが必要です。

　安全委員会では、以下の事項を調査審議します（17条1項）。

■ 安全委員会を設置しなければならない事業場

業　種	従業員の規模
林業、鉱業、建設業、製造業（木材・木製品製造業、化学工業、鉄鋼業、金属製品製造業、運送用機械器具製造業）、運送業（道路貨物運送業、港湾運送業）、自動車整備業、機械修理業、清掃業	常時50人以上
上記以外の製造業、上記以外の運送業、電気業、ガス業、熱供給業、水道業、通信業、各種商品卸売業、家具・建具・じゅう器等卸売業、家具・建具・じゅう器小売業、各種商品小売業、燃料小売業、旅館業、ゴルフ場業	常時100人以上

① 労働者の危険を防止するための基本となるべき対策
② 労働災害の原因および再発防止対策で、安全に係るもの
③ ①②の他、労働者の危険の防止に関する重要事項

●**衛生委員会を設置するには**

　衛生委員会は、業種を問わず、常時50人以上を使用する事業場で設置しなければなりません。また、衛生委員会の委員は、以下に該当する者で構成されます（18条2項）。

① 総括安全衛生管理者または総括安全衛生管理者以外の者で当該事業場においてその事業の実施を統括管理するものもしくはこれに準じる立場のものの中から事業者が指名した者
② 衛生管理者の中から事業者が指名した者
③ 産業医の中から事業者が指名した者
④ 当該事業場の労働者で、衛生に関し経験を有するもののうち事業者が指名した者

　衛生委員会の委員については、③に該当する者を含まなければならないのが特徴的です（選任される産業医は事業場の専属である必要はありません）。また、事業場で作業環境測定を実施している作業環境測定士を委員として指名することができます（18条3項）。作業環境測定士については指名義務がありません。

　安全委員会と同様、①に該当する委員は1人を指名し、その者が議長となります。また、②③に該当する委員の半数は、事業場に過半数組合が存在する場合はその労働組合、過半数組合がない場合は過半数代表者の推薦に基づき指名する必要があります（18条4項）。

　さらに、衛生委員会の場合も、派遣先で就労する派遣労働者を委員として指名することができます。この場合の派遣労働者は、衛生に関しての経験をもつ者であることが必要です。

　衛生委員会では、以下の事項を調査審議します（18条1項）。

① 労働者の健康障害を防止するための基本となるべき対策
② 労働者の健康の保持増進を図るための基本となるべき対策
③ 労働災害の原因および再発防止対策で、衛生に係るもの
④ ①～③の他、労働者の健康障害の防止および健康の保持増進に関する重要事項

●安全衛生委員会を設置するには

　安全委員会と衛生委員会の両方を設置しなければならない事業場では、両方を統合した「安全衛生委員会」を設置することができます（19条1項）。安全衛生委員会の委員は、事業者が指名した以下に該当する者で構成されます（19条2項）。

① 総括安全衛生管理者または総括安全衛生管理者以外の者で当該事業場においてその事業の実施を統括管理する者もしくはこれに準じる立場のもの
② 安全管理者および衛生管理者
③ 産業医
④ 当該事業場の労働者で、安全に関し経験を有するもの
⑤ 当該事業場の労働者で、衛生に関し経験を有するもの

　なお、作業環境測定士を指名できる点や、議長、過半数組合の推薦などについては、安全委員会や衛生委員会と同様です（19条2項～4項）。

■ 安全衛生委員会

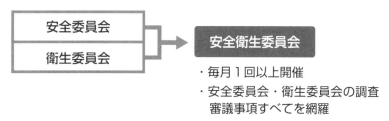

安全委員会や衛生委員会の調査審議事項について教えてください。

労働者の危険防止・健康障害防止に関する事項について審議します。

　安全委員会では、以下の事項を調査審議します（17条1項）。
① 労働者の危険を防止するための基本となるべき対策。
② 労働災害の原因および再発防止対策で、安全に係るもの。
③ 安全に関する規程の作成に関すること。
④ 安全教育の実施計画の作成に関すること。
⑤ 新規に採用する機械、器具その他の設備または原材料に係る危険の防止に関すること。
⑥ 都道府県労働局長等から文書により命令・指導等を受けた事項のうち、労働者の危険の防止に関すること。
⑦ 危険性または有害性等の調査およびその結果に基づき講ずる措置のうち、安全に係るもの。
⑧ その他労働者の危険の防止に関する重要事項。

　衛生委員会では、以下の事項を調査審議します（18条1項）。
① 労働者の健康障害を防止するための基本となるべき対策。
② 労働者の健康の保持増進を図るための基本となるべき対策。
③ 労働災害の原因および再発防止対策で、衛生に係るもの。
④ 衛生に関する規程の作成に関すること。
⑤ 衛生教育の実施計画の作成に関すること。

⑥ 定期に行われる有害性の調査およびその結果に対する対策の樹立に関すること。
⑦ 作業環境測定の結果およびその結果の評価に基づく対策の樹立に関すること。
⑧ 定期に行われる健康診断、臨時の健康診断および自ら受けた健康診断等に関する医師の診断、診察または処置の結果ならびにその結果に対する対策の樹立に関すること。
⑨ 健康の保持増進を図るため必要な措置の実施計画の作成に関すること。
⑩ 新規に採用する機械等または原材料に係る健康障害の防止に関すること。
⑪ 都道府県労働局長等から、文書により命令・指導等を受けた事項のうち、労働者の健康障害の防止に関すること。
⑫ 長時間にわたる労働による労働者の健康障害の防止を図るための対策の樹立に関すること。
⑬ 労働者の精神的健康の保持増進を図るための対策の樹立に関すること。
⑭ その他労働者の健康障害の防止および健康の保持増進に関する重要事項。

なお、衛生委員会の調査審議事項には「健康診断の結果」に関する事項が含まれますが、これは受診した労働者すべての健康診断の結果ではなく、事業場における健康管理対策の資料として足りる内容であればよいとされています。

また、安全委員会や衛生委員会は、毎月1回以上開催しなければなりません。開催時には議事の内容を記録し、作業場の見やすい場所への掲示や書面の交付などにより、議事の概要を労働者に周知し、重要な議事の記録は3年間保存する必要があります。

下請けと元請けが混在する建設現場での安全管理体制について教えてください。

元請負人と下請負人をつなぐ元請負人側の連絡調整役が統括安全衛生責任者です。

　同じ場所で事業者の異なる労働者が作業する作業場所で、元請負人（元方事業者）と下請負人の連携をとりながら、労働者の安全衛生を確保するための責任者を統括安全衛生責任者といいます。

　建設現場などでは、元請負人を頂点に数次の請負が行われ（重層下請構造）、下請負、再下請負と、複数の事業者に雇用された労働者が一つの作業場所で作業を行います。そのため、作業間の連絡調整が不十分になり、労働災害が発生しやすくなります。

　このような事態を防止するため、重層下請負構造の作業場所では、一般の事業場とは異なる安全管理体制を取ることが求められます。具体的には、発注者から請け負った建設業および造船業の元請負人（特定元方事業者）で、作業に従事する労働者数が常時50人以上（ずい道などの建設、橋梁の建設、圧気工法による作業では常時30人以上）の場合、統括安全衛生責任者の選任義務が生じます（15条1項）。統括安全衛生責任者の業務は、元方安全衛生管理者の指揮とともに、以下の事項を統括管理することです。

① 協議組織の設置および運営
② 作業間の連絡および調整
③ 作業場所の巡視
④ 関係請負人（下請負人）が行う労働者の安全または衛生のた

めの教育に対する指導および援助
⑤ 建設業の特定元方事業者にあっては、仕事の工程に関する計画および作業場所における機械・設備等の配置に関する計画の作成や、当該機械・設備等を使用する作業に関し関係請負人が労働安全衛生法または同法に基づく命令の規定に基づき講ずべき措置についての指導
⑥ ①～⑤の事項の他、労働災害を防止するため必要な事項

■ 統括安全衛生責任者などの選任義務

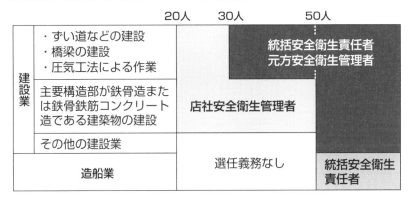

■ 下請け時の安全衛生管理体制

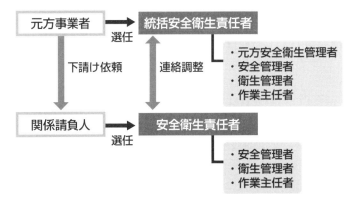

第2章 ● 安全衛生管理体制の全体像

Question 13 安全衛生責任者はどんなことをするのでしょうか。

統括安全衛生責任者からの伝達や調整を行います。

　一定規模以上の建設現場では、元請業者（元方事業者）が統括安全衛生責任者を選任した上で、現場の安全衛生を確保しなければなりません。一方、元請業者から業務を請け負う下請業者（関係請負人）も同じく安全衛生に取り組む必要があります。

　そこで、元請業者が統括安全衛生責任者を選任しなければならない現場で自ら仕事を行う下請業者には、安全衛生責任者の選任が義務付けられています（16条）。

　安全衛生責任者の業務は、以下のものがあります。元請業者と下請業者をつなぐ下請業者側の連絡調整役が安全衛生責任者ということができます。

① 　統括安全衛生責任者との連絡
② 　統括安全衛生責任者からの連絡事項の関係者への伝達
③ 　①の連絡事項のうち、下請業者（安全衛生責任者を選任した下請業者）に関するものの実施についての管理
④ 　下請業者が作成する作業計画と元請業者が作成する作業計画との整合性を図るために行う統括安全衛生責任者との連絡調整
⑤ 　労働者の行う作業で生ずる労働災害の危険の有無の確認
⑥ 　下請業者が仕事の一部を他の請負人に請け負わせている場合における当該他の請負人の安全衛生責任者との作業間の連絡調整

元方安全衛生管理者はどんなことをするのでしょうか。

統括安全衛生責任者の統括管理事項のうち技術的事項を管理します。

　建設現場で統括安全衛生責任者を補佐して技術的事項を管理する実質的な担当者を元方安全衛生管理者といいます。

　一定規模以上の建設現場では、同一の場所で異なる事業者に雇用された労働者が作業を行うことがあります。この場合に元請負人（元方事業者）と下請負人（関係請負人）の連携が円滑になるよう、統括安全衛生責任者、元方安全衛生管理者、安全衛生責任者が選任されます。統括安全衛生責任者は現場の安全衛生を統括管理し、元方安全衛生管理者を指揮します（15条1項）。その指揮の下で、元方安全衛生管理者は統括安全衛生責任者が統括管理する事項のうち技術的事項の管理を行います（15条の2）。

　元方安全衛生管理者は、以下のいずれかの資格を有する者の中から、建設業を行う元方事業者が選任義務を負います。

① 　大学または高等専門学校における理科系統の正規の課程を修めて卒業した者で、その後3年以上建設工事の施工における安全衛生の実務に従事した経験を有する者

② 　高等学校または中等教育学校において理科系統の正規の学科を修めて卒業した者で、その後5年以上建設工事の施工における安全衛生の実務に従事した経験を有する者

③ 　その他、厚生労働大臣が定める者

Question 15 店社安全衛生管理者はどんなことをするのでしょうか。

小規模な工事現場などの事業場で安全衛生管理を担います。

　一定規模の建設現場などでは、統括安全衛生管理者などを選任して安全衛生を確保しています。しかし、それらの選任義務がない小規模の工事現場などにおいても、労働安全衛生法15条の3は、一定の要件を充たす場合に元請負人（元方事業者）が店社安全衛生管理者を選任し、下請負人（関係請負人）との連携をとりながら、事業場の安全衛生の管理をするよう義務付けています。

　店社安全衛生管理者の選任義務を負うのは、たとえば、鉄骨造または鉄骨鉄筋コンクリート造の建築物の建設の仕事で、常時従事する労働者数（関係請負人を含めた数）が20人以上50人未満など、一定の要件を充たす事業場です（57ページ図）。

　また、店社安全衛生管理者となる資格を有するのは、大卒、高専卒、高卒などの学歴に応じて、一定の年数以上建設工事の施工における安全衛生の実務経験を有する者などです。

　店社安全衛生管理者の主な業務として、少なくとも毎月1回労働者が作業を行う場所を巡視し、労働者の作業の種類その他作業の実施の状況を把握します。さらに、関係組織の会議に随時参加し、仕事の工程や機械・設備等の配置に関する計画の実施状況を確認することなども行います。

元方事業者が講ずべき措置について教えてください。

元方事業者には災害防止のための様々な措置を講じる必要があります。

　発注者から仕事を受注した事業者が、その仕事を他の事業者に発注することを「下請け」といいます。建設業、造船業、鉄鋼業、情報通信業などで下請けは一般的に行われており、1か所の現場で異なる事業者の下で働く労働者が混在しているのが特徴です。

　下請けで仕事を受注した事業者が、さらにその仕事を他の事業者に発注すること（下請けからさらに下請けが行われること）を「孫請け」といいます。大規模な建設現場などでは、孫請けからさらに下請けが行われることもあります。

　労働安全衛生法上は、最初に注文者から仕事を引き受けた事業者を「元方事業者」と名付けて、下請けによって仕事を引き受けた事業者（請負人）を「関係請負人」と名付けています（15条1項）。つまり、下請負人も孫請負人も（さらにその下請けの請負人も）労働安全衛生法上は「関係請負人」と定義されます。

　下請けによって行われる仕事は、一般的に有害性が高いものが多いため、関係請負人の労働者による労働災害の発生率は、元方事業者の労働者に比べて高くなっています。

　このような事態に対処し、下請けにおける労働災害を防止するため、労働安全衛生法29条は、業種に関係なく、元方事業者に対し、以下の措置を講ずべきことを義務付けています。

第2章 ● 安全衛生管理体制の全体像　　61

① 関係請負人とその労働者が、労働安全衛生法の規定または同法に基づく命令に違反しないために必要な指導を行うこと
② 関係請負人とその労働者が、労働安全衛生法の規定または同法に基づく命令に違反している場合に、是正のための必要な指示を行うこと（関係請負人とその労働者が当該指示に従う義務があることも規定されています）

●**建設業の元方事業者が特に講ずべき措置**

建設業の現場においては、複数の事業者がそれぞれの労働者を率いて作業をする労働形態が一般的です。規模の大きい現場になればなるほど、事業者の数も増加します。また、作業内容が大きく変化する場合もあるため、労働災害が発生する危険性も他の業種と比較して高くなっています。

こうした建設業の現場において、安全管理水準の向上と労働災害の防止を目的にして定められているのが「元方事業者による建設現場安全管理指針」（平成7年4月21日基発第267号の2）です。この安全管理指針には、労働災害を防止するため、以下の事項について、元方事業者が実施することが望ましい安全管理の具体的内容が記されています。

① 安全衛生管理計画の作成
② 過度の重層請負の改善
③ 請負契約における労働災害防止対策の実施およびその経費負担者の明確化など
④ 元方事業者による関係請負人とその労働者の把握
⑤ 作業手順書の作成
⑥ 協議組織の設置・運営
⑦ 作業間の連絡および調整
⑧ 作業場所の巡視
⑨ 新規入場者（新たに作業を行うことになった労働者）教育

⑩　新たに作業を行う関係請負人に対する措置
⑪　作業開始前の安全衛生打合せ
⑫　安全施工サイクル活動の実施
⑬　職長会（リーダー会）の設置

　また、建設業の元方事業者は、以下の場所で関係請負人の労働者が建設業の仕事の作業を行うときは、関係請負人が講ずべき以下の場所における危険防止措置が適正に講ぜられるよう、技術上の指導などの必要な措置を講じる義務があります（29条の2）。
①　土砂等が崩壊するおそれのある場所
②　土石流が発生するおそれのある場所
③　機械等が転倒するおそれのある場所
④　架空電線の充電電路に近接する場所で、その充電電路に労働者の身体等が接触し、または接近することにより感電の危険が生ずるおそれのある場所
⑤　埋設物等またはれんが壁、コンクリートブロック塀、擁壁等の建設物が損壊するなどのおそれのある場所

■ 元方事業者が講ずべき措置

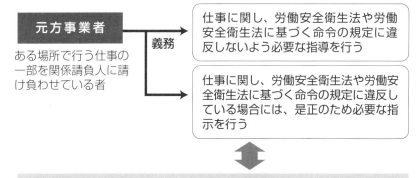

第2章　●　安全衛生管理体制の全体像

特定元方事業者が講じなければならない措置について教えてください。

協議組織の設置運営や作業場所の巡視など労働災害を防止するための必要な措置が求められています。

　特定事業を行う元方事業者のことを「特定元方事業者」といいます（15条1項）。特定事業とは「建設業」「造船業」の2つの事業を指します。

　特定元方事業者は、同一の場所において特定事業に従事する労働者（関係請負人の労働者を含む）に対して生じる労働災害を防止するため、以下の事項に関する必要な措置を講じることが義務付けられています（30条1項）。

① 　協議組織の設置および運営
② 　作業間の連絡および調整
③ 　作業場所の巡視（毎作業日に少なくとも1回行う）
④ 　関係請負人が行う労働者の安全または衛生のための教育に対する指導および援助
⑤ 　仕事の工程や作業場所における機械・設備等の配置に関する計画の作成と、機械・設備等を使用する作業に関して関係請負人が講ずべき措置についての指導（建設業においてのみ）
⑥ 　その他労働災害を防止するために必要な事項

　①の「協議組織」とは、複数の事業者が作業を行う現場において、労働災害を防止するために協議する組織のことです。元方事

業者に加えてすべての関係請負人も参加し、互いが連携することで労働災害の防止を図ります。

さらに、⑥の「必要な事項」に含まれるものとして、クレーン等の運転についての合図、事故現場等の標識、有機溶剤等の集積場所、警報、避難等の訓練の実施方法を統一することや、これらを関係請負人に周知させることなどの行為が挙げられます。

なお、特定元方事業者がその現場における統括安全衛生責任者を選任した場合、その者に特定元方事業者が講ずべき措置の統括管理をさせる必要があります。また、建設業を行う特定元方事業者が統括安全衛生責任者を選任した場合には、元方安全衛生管理者を選任し、その者に統括安全衛生責任者が統括管理する事項のうち技術的事項を管理させる必要があります（15条の２）。よって、造船業を行う特定元方事業者は、元方安全衛生管理者の選任義務がありません。

■ 建設業における下請構造

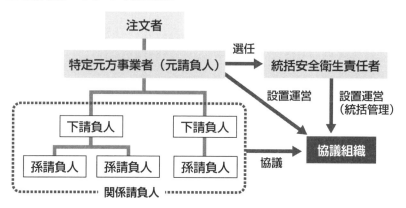

現場監督が講ずべき措置について教えてください。

現場監督は事業者に代わって作業場の安全を守る必要があります。

　労働安全衛生法は、労働者の安全と健康を守るために、事業者が講ずべき様々な措置を規定しています。現場監督はこれらの事業者が講ずべき義務について、実際に仕事が行われる作業場に有効に反映させる責務を担っています。たとえば、労働安全衛生法が事業主に対して義務付けている労働者の健康障害防止のための具体的な措置には、①機械等・爆発物等による危険防止措置（20条）、②掘削等・墜落等による危険防止措置（21条）、③健康障害防止措置（22条）、④作業環境の健康保全措置等（23条）などがあります。一方、労働安全衛生法26条では、事業者が講じた措置に対する労働者側の遵守義務が規定されています。

●規則や通達にはどんなものがあるのか

　前述の措置に加えて、事業者が講ずべき措置を具体的に示すために定められているのが「クレーン等安全規則」などの厚生労働省令（労働安全衛生法などの法律に基づき厚生労働大臣が定める命令のこと）です（次ページ図）。

　また、厚生労働省令が定めていないものでも、労働者にとって必要と認められる措置については、通達で指針が示される場合があります。たとえば、業務上疾病の約6割を占めるとされる腰痛については「職場における腰痛予防対策の推進について」（平成

25年6月18日基発0618第1号)という通達が出されています。

この通達にある「職場における腰痛予防対策指針」では、リスクアセスメントや労働安全衛生マネジメントシステムの考え方を導入しつつ、作業管理、作業環境管理、健康管理、労働衛生教育等について、以下の腰痛予防対策を示しています。加えて、腰痛の発生が比較的多い作業の腰痛予防対策も示しています。

① **作業管理**

作業の自動化・省力化による負担軽減、不自然な作業姿勢・動作をとらない工夫、作業標準の策定・見直し、安静を保てる休憩設備を設けることなどが示されています。

② **作業環境管理**

適切な温度設定、作業場所・通路・階段などが明瞭にわかる照度の保持、凹凸がなく防滑性に優れた作業床面、十分な作業空間の確保、振動の軽減対策などが示されています。

③ **健康管理**

作業への配置前とその後6か月以内ごとの定期健康診断、作業前体操と腰痛予防体操の実施などが示されています。

④ **労働衛生教育等**

作業への配置前とその後必要に応じ、腰痛予防のための安全衛生教育を行うことなどが示されています。

■ **危険防止や健康被害防止について定める様々な規則** …………

機械等(機械・器具などの設備)の作業の危険防止について定めるもの	→	クレーン等安全規則 ゴンドラ安全規則 ボイラーおよび圧力容器安全規則　など
材料の使用に伴う健康被害防止について定めるもの	→	有機溶剤中毒予防規則 粉じん障害防止規則 石綿障害予防規則　など

Question 19 建設業の仕事を行う注文者が講ずべき措置について教えてください。

労働者が安全に作業するために、建設物等について注文者の講ずるべき措置があります。

労働安全衛生法31条1項は、特定事業（建設業・造船業）の仕事を自ら行う注文者は、当該仕事を行う場所において、建設物等（建設物・設備・原材料）を請負人（当該仕事が数次の請負契約によって行われるときは、当該請負人の請負契約の後次のすべての請負契約の当事者である請負人を含みます）の労働者に使用させるときは、当該建設物等について、当該労働者の労働災害を防止するため必要な措置を講ずべきことを規定しています。つまり、注文者の建設物等を請負人の労働者が使用する場合に、建設物等に関する労働災害防止措置を注文者に義務付けています。

上記の義務を負う建設業などの仕事の注文者は、自身もその仕事に携わる事業者を指します。そして、その仕事が数次の請負契約によって行われることで、同じ建設物等について上記の義務を負う注文者が複数となる場合は、最も上位の事業者のみが「注文者」として上記の義務を負います（31条2項）。たとえば、規制対象となる建設物等の一つである架設通路を使用した建設業の仕事の一部をA社がB社に依頼し、さらにB社がC社に依頼している場合は、A社とB社が注文者となり得ますが、最も上位であるA社のみがB社・C社に対して上記の義務を負います。

また、労働安全衛生法31条1項の規制対象となる「建設物等」

として、労働安全衛生規則では「くい打機及びくい抜機、軌道装置、型わく支保工、アセチレン溶接装置、交流アーク溶接機、電動機械器具、潜函等、ずい道等、ずい道型わく支保工、物品揚卸口等、架設通路、足場、クレーン等、ゴンドラ、局所排気装置、全体換気装置、圧気工法に用いる設備、エックス線装置、ガンマ線照射装置」を挙げています。

いずれも使用にあたって労働者に危険が伴うため、各々の建設物等の規制内容も労働安全衛生規則が規定しており、基準や規格に適合したものを使用することや、所要の安全のための措置を講じることが注文者に義務付けられています。

●建設機械の安全確保について

建設業の仕事を自ら行う注文者（発注者または当該仕事の全部を請け負った請負人のうち、当該仕事の一部を他に依頼しているもの）は、一定の建設機械（機体重量３ｔ以上のパワー・ショベル、つり上げ荷重が３ｔ以上の移動式クレーンなど）の使用に係る作業（特定作業）に従事するすべての労働者の労働災害防止措置を講じる義務があります（31条の３）。具体的には、建設現場の安全確保のため、作業内容、作業の指示系統、立入禁止区域について必要な連絡と調整を行うべきとされています。

■ 建設業の仕事について注文者に求められる主な措置 …………

注文者がとる措置	請負人の労働者に使用させる建設物等につき、当該労働者の労働災害を防止する必要な措置を講ずる
	一定の建設機械の使用に係る作業（特定作業）に従事するすべての労働者の労働災害防止措置を講ずる
	化学設備の清掃等の作業を行う請負人に対して、所定の事項を記載した文書を交付する

化学物質などを取り扱う設備において注文者が講じるべき措置を教えてください。

措置の具体的内容を記載した文書の交付や周知などをする必要があります。

　化学物質の中には人体に有害な物質も存在するため、その取扱いには細心の注意を払わなければなりません。そこで、労働安全衛生法31条の2では、化学設備の清掃等の作業の注文者による文書等の交付の義務付けについて規定しています。

　この義務が適用される設備は、一定の化学設備およびその付属設備と、一定の特定化学設備およびその付属設備です。

　そして、改造・修理・清掃等のため、上記の設備を分解する作業またはその内部に立ち入る作業を請負人に行わせようとする場合は、以下の事項を記載した文書を交付しなければなりません。

① 　労働安全衛生法31条の2に規定するものの危険性と有害性
② 　作業において注意すべき安全と衛生に関する事項
③ 　作業の安全と衛生を確保するために講じた措置
④ 　化学物質の流出などの事故が起きた場合に講ずべき応急措置

　なお、この義務を負うのは「他の者から請け負わないで注文している」注文者です。また、注文者から上記の文書を交付された請負人が、さらに他の事業者に上記の作業を行わせようとする場合は、安全のための措置を適切に引き継いで周知させるため、その文書の写しを他の事業者に交付しなければなりません。

化学プラントの安全性の確保について教えてください。

設計から試運転開始まで、5つの段階の安全性にかかる事前調査を行う必要があります。

　化学プラントとは、化学物質の製造、取扱い、貯蔵等を行う工場施設や装置のことです。化学プラントでは、天然ガスや石油などの原料を用いて、様々な化学物質が生産されます。

　近年は、化学プラントの大型化・多様化が進んでおり、事故が発生した場合は大惨事になることが予想されます。このような事態を防ぐため、厚生労働省は化学プラントの新設や変更などを行う際の安全性を評価する基準として「化学プラントにかかるセーフティ・アセスメントに関する指針」（平成12年3月21日基発第149号）を定めています。

　この指針では、化学プラントの設計から試運転開始まで、以下のような流れに沿った5つの段階についての安全性にかかる事前調査を行うように定めています。

第1段階　関係資料の収集・作成

　第1段階では、対象となる化学プラントの特性を把握することを目的とします。たとえば、工程系統図、プロセス機器リスト、安全設備の種類とその設置場所等の資料の作成に際しては「誤作動防止対策」「異常の際に安全に向かうように作動する方式」を組み込むことが求められます。

第2段階　定性的評価－診断項目による診断

化学プラントの一般的な安全性を確保するため、診断項目による定性的評価を行います。その上で、改善すべき事項があれば、設計変更等が行われることになります。

第3段階　定量的評価

5項目（物質、エレメントの容量、温度、圧力、操作）により、総合的に化学プラントの安全性にかかる定量的評価を行います。その際、災害の起こりやすさおよび災害が発生した場合のその大きさとを同時に評価し、上記5項目に均等に比重をかけて定量化を行い、危険度ランクを付けます。

第4段階　プロセス安全性評価

第3段階で得られた危険度ランクとプロセスの特性等に応じ、潜在的な危険の洗い出しを行い、妥当な安全対策を決定します。

第5段階　安全対策の確認等

第4段階の結果に基づき、対策の確認等とこれまでの評価について総合的な検討を行い、最終的なチェックを行います。

以上の過程を経て安全対策が講じられた設備であっても、機械の誤作動や設計ミス、誤った取扱いによって労働災害が起こることが考えられます。労働災害を防止するためには、事業場の特性も加味した上での安全対策を講じることが求められています。

■ 化学プラントのセーフティ・アセスメントに関する指針 ……

 ジョイントベンチャーでの代表者選定について教えてください。

 代表者を選定して、責任の所在が曖昧になることを防ぎます。

　建設工事において、複数の事業者が共同連帯して仕事を行うことをジョイントベンチャー（JV）といいます。ひとつの建設業者が携わるケースと比べ、大規模な建設工事で多く採用される手法です。内容・形態の違いによって、後述する労働安全衛生法上の「代表者の届出義務」が生じる場合があります。

　ジョイントベンチャーは、大きく分けて「共同施工方式」と「分担施工方式」があり、前者の方が多くとられる方式です。共同施工方式とは、ジョイントベンチャーを構成する建設業者が共同で施工に携わります。一方、分担施工方式とは、文字通り工事を複数の建設業者が工区や工種別に分担して行う形式で、建設業者それぞれが独立した責任体制を取っています。

　ただし、共同施工方式の場合には、その仕事における建設業者間の境界がないため、両者を区別することが困難です。端的な表現をすると、完全なひとつの建設業者となってしまい、その結果として、元々個別に独立していた指揮命令系統・責任体制が複雑かつ曖昧なものとなってしまうおそれがあります。

　そのため、労働安全衛生法5条1項では、2つ以上の建設業者が、同一の場所で共同連帯して仕事を請け負った場合、事業者のうちの1人を代表者として都道府県労働局長へ届け出なければな

第2章 ● 安全衛生管理体制の全体像　73

らないと規定しています。労働安全衛生法の趣旨は労働環境の保全にあり、それは同時にトラブル発生時の責任者をはっきりさせることも意味しているため、このような規定が存在します。

代表者の届出は、仕事開始の日の14日前までに「共同企業体代表者（変更）届」という所定の書面を、仕事が行われる場所を管轄する労働基準監督署長を経由して都道府県労働局長に提出することで完了します。「共同企業体代表者（変更）届」は、事業の種類、共同企業体の名称・所在地、発注者名、請負金額、工事の概要、工事期間、代表者名などを記載して、経由元の労働基準監督署長に提出します。代表者変更の場合も届出が必要です。

なお、代表者の選定・届出がなされない場合は、都道府県労働局長が代表者を指名するしくみになっています（5条2項）。

そして、労働安全衛生法5条1項に基づく代表者の選定は、出資割合や工事施工にあたっての責任の程度を考慮して行うべきとされているため、原則として、法人の場合は法人代表責任者（社長）を代表者とします。しかし、例外として広範囲にわたる職務権限が支店長等に委ねられている場合には、その支店長等をもって代表者とすることも可能になっています。

■ ジョイントベンチャーのしくみと代表者選出

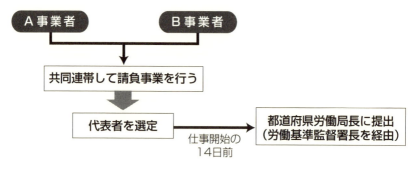

第3章

危険防止のための措置と対策

 **危険や健康被害を防止するための事業者の措置とはどのような措置を言うのでしょうか。**

 危険要因の列挙とともに明示される危険防止措置や健康障害防止措置などです。

　労災防止対策や安全な快適な労働環境の保全は、トラブルや事故などを未然に防ぐことが最重要課題です。そのために事業者が講ずべき措置は、大きく分けて以下のように分類できます。
① 機械等、爆発性・引火性などの物、電気・熱などによる危険の防止措置（20条）
② 掘削・採石等、墜落・土砂等による危険の防止措置（21条）
③ 原材料、ガス、粉じん、放射線、高温、排液などによる健康障害の防止措置（22条）
④ 建設物その他の作業場についての健康保持等の措置（23条）
⑤ 作業行動についての労働災害防止措置（24条）
⑥ 労働災害発生の危険急迫時の作業中止等の措置（25条）
⑦ 重大な事故が発生した時の救護等、安全確保の措置（25条の2）
　ここでは「③健康障害の防止措置」という項目をとりあげてみましょう。具体的に「何を防止すればよいのか」は業種により異なりますが、労働安全衛生法22条では、様々な業種を想定し「健康障害を生じさせる危険要因」の例として「原材料、ガス、蒸気、粉じん、酸素欠乏空気、病原体、放射線、高温、低温、超音波、騒音、振動、異常気圧、排気、排液」などを挙げています。

なお、建設業など危険性の高い業種などについては、細かい規定が設けられています（次ページ）。このように、労働安全衛生法は、労働災害・健康障害やその危険の原因・要因を列挙するのと同時に、それらについての対策を事業者に求めています。

そして、事業者の措置等が実効性を得るためには労働者の協力が必要です。労働安全衛生法26条は、「労働者は、事業者が第20条から第25条まで及び前条（第25条の2）第1項の規定に基づき講ずる措置に応じて、必要な事項を守らなければならない」と規定しています。労働者の協力も求めることで、労働災害・健康障害の防止という目的を達成しようとしています。

■ 事業者が講じなければならない措置

機械・爆発物・電気などから生じる危険の防止措置
・機械や器具から生じる危険、爆発性・発火性・引火性のある物による危険、電気・熱などのエネルギーによる危険が生じることを防止する措置

労働者の作業方法から生じる危険の防止措置
・掘削、採石、荷役、伐木の作業方法から生ずる危険を防止する措置
・労働者が墜落するおそれのある場所、土砂が崩壊するおそれのある場所での危険を防止するための措置

原材料や放射線などから生じる健康被害の防止措置
・原材料、ガス、蒸気、粉じん、酸素欠乏空気、病原体による健康障害の防止措置
・放射線、高温、低温、超音波、騒音、振動、異常気圧による健康障害の防止措置
・計器監視、精密工作の作業による健康障害の防止措置
・排気、排液、残さい物による健康障害の防止措置

労働者を就業させる作業場についての必要な措置
・労働者を就業させる作業場について、通路・床面・階段の保全、換気、採光、照明、保温、防湿、休養、避難、清潔に必要な措置など、労働者の健康、風紀、生命の保持のため必要な措置を講じる

労働者の作業行動についての必要な措置
・労働者の作業行動から生ずる労働災害を防止するための措置

災害発生の急迫した危険があるときの必要な措置
・労働災害発生の急迫した危険がある場合は、直ちに作業を中止し、労働者を作業場から退避させる措置

 建設現場における事業者の義務について教えてください。

 事業者による保護具の使用命令に労働者は従う義務を負います。

　保護具とは、労働災害や健康障害の防止を目的として、労働者が直接身につけて使用するものを指します。労働者が危険性の高い作業に従事する場合に、保護具の着用または使用が必要とされます。事業者が備えるべき保護具の例として、保護帽（ヘルメット）、安全帯（落下防止のベルト・ロープ・フックなど）、呼吸用保護具等、皮膚障害等防止用の保護具などが挙げられます。

　たとえば、呼吸用保護具等（保護衣、保護眼鏡、呼吸用保護具など）は、以下の業務で備える必要があります。
① 著しく暑熱または寒冷な場所での業務
② 多量の高熱物体、低温物体、有害物を取り扱う業務
③ 有害な光線にさらされる業務
④ ガス、蒸気、粉じんを発散する有害な場所における業務
⑤ 病原体による汚染のおそれの著しい業務

　次に、皮膚障害等防止用の保護具（塗布剤、不浸透性の保護衣、保護手袋、履物など）は、以下の業務で備える必要があります。
① 皮膚に障害を与える物を取り扱う業務
② 有害物が皮膚から吸収され、もしくは侵入して、健康障害もしくは感染をおこすおそれのある業務

　また、強烈な騒音を発する場所における業務では、耳栓などの

保護具を備える必要があります。事業者が耳栓などの保護具の使用を命じたときは、遅滞なく、その保護具を使用すべき旨を、見やすい場所に掲示しなければなりません。

一方、事業者から業務に必要な保護具の使用を命じられた労働者は、その保護具を使用しなければなりません。

●事業者はどんなことに気をつけるべきか

事業者は、事業場において必要とされる保護具が適切に利用できるような状況を整えなければなりません。具体的には、同時に就業する労働者の人数と同数以上の保護具を常備し、労働者全員に行き渡るようにします。また、保護具は清潔かつ使用に問題がない状態を常時保つ必要があります。保護具の使い回しなどで疫病感染のおそれがある場合は、各人専用の保護具を用意するか、または疫病感染を予防する措置を講じる必要があります。

■ 保護具の種類と保護具が必要な作業

保護帽の着用	・100kg以上の荷を不整地運搬車に積み卸す作業 ・5t以上の不整地運搬車に荷を積み卸す作業 ・ジャッキ式つり上げ機械を用いて荷のつり上げ、つり下げ作業 ・地山の掘削作業　　　　　　　　　　　　　など
安全帯の着用	・高さ2m以上の高所作業で墜落の危険のある場合 ・足場の組立、解体などの作業 ・型枠支保工の組立て　・土止め支保工作業 ・採石のための掘削作業　　　　　　　　　など
救命具を備える	・水上の丸太材、いかだなどの上で作業を行う場合 ・船舶により労働者を作業場所に輸送するとき　　　など
絶縁用保護具の着用	・充電電路の点検や修理など、充電電路を取り扱う作業で感電のおそれがある場合 ・電路やその支持物の敷設、点検、修理、塗装などの電気工事作業で感電のおそれがある場合　　など

騒音・振動の防止対策について教えてください。

騒音や振動を指針に基づいて管理し、健康障害を防ぎます。

　昨今では、チェーンソーなどの機械工具を使用する場合、使用時に生じる振動が労働者の腕や身体に健康障害を発生させる「振動障害」が問題視されています。そのため、事業者は労働者がこうした機械工具を使用する際の振動障害を防ぐ措置をとらなければなりません。

　措置の具体的な内容については、まずはチェーンソーに限定された規定である「チェーンソー取扱い作業指針」（平成21年7月10日基発0710第1号）により以下の項目にわたって示されています。

① 　チェーンソーの選定基準
② 　チェーンソーの点検・整備
③ 　チェーンソー作業の作業時間の管理および進め方
④ 　チェーンソーの使用上の注意
⑤ 　作業上の注意
⑥ 　体操などの実施
⑦ 　通勤の方法
⑧ 　その他人員の配置など

　また、チッピングハンマー、エンジンカッター、コンクリートバイブレーターなどのチェーンソーを除いた振動工具を対象とした「チェーンソー以外の振動工具の取扱業務に係る振動障害予防

対策指針」(平成21年7月10日基発0710第2号)では次の事項を示しています。
① 対象業務の範囲
② 振動工具の選定基準
③ 振動作業の作業時間の管理
④ 工具の操作時の措置
⑤ たがねなどの選定および管理
⑥ 圧縮空気の空気系統に係る措置
⑦ 点検・整備
⑧ 作業標準の設定
⑨ 施設の整備
⑩ 保護具の支給および使用
⑪ 体操の実施
⑫ 健康診断の実施およびその結果に基づく措置
⑬ 安全衛生教育の実施

■ **騒音や振動についてのまとめ**

| チェーンソー以外の振動対策が必要な工具 | ・ピストンによる打撃機構を有する工具
・内燃機関を内蔵する工具
・携帯用皮はぎ機等の回転工具
・携帯用タイタンパー等の振動体内蔵工具
・携帯用研削盤やスイング研削盤
・卓上用研削盤や床上用研削盤
・締付工具
・往復動工具 |

↓

| 作業場で騒音を測定 |

↓

| 85デシベル未満、85デシベル以上90デシベル未満、90デシベル以上の3つに区分される |

↓

| 騒音の大きさに応じて、作業環境の改善や防音保護具の使用が必要になる |

振動障害を予防するための措置について教えてください。

防振機構内蔵型のチェーンソーなどを選定する必要があります。

　チェーンソーについては「チェーンソー取扱い作業指針」（80ページ）において、事業者が講ずべき具体的な振動障害予防措置の指針が示されています。たとえば、チェーンソーを選定するにあたり、事業者に対して、防振機構内蔵型を選定することや、できる限り扱いやすい軽量のものを選ぶことなどを求めてます。

　また、定期的な点検・整備とともに、管理責任者を選任しておくことが必要とされます。具体的には、チェーンソーの製造者や輸入者が取扱説明書等で示している時期・方法により、定期的に点検・整備して、常に最良の状態に保つようにしなければなりません。一方、ソーチェーン（チェーンソーのカッター部分をつないでいるチェーン）については、目立て（切れない刃を鋭くすること）を定期的に行い、業務場所に予備のソーチェーンを持参して適宜交換が可能な状態にしておくことが要求されています。

　そして、選任される管理責任者は「振動工具管理責任者」と呼ばれ、チェーンソーの点検・整備状況を定期的に確認して、その状況を記録しておくことが必要とされます。

　さらに、作業時間の管理については「チェーンソーを取り扱わない日を設けるなどの方法で１週間の振動ばく露時間を平準化する」「特殊な計算式で日振動ばく露量を求めて、手腕への影響の

評価とそれに基づく対策を行う」などが挙げられます。

その他、チェーンソーの使用上の注意（無理に木に押しつけない、移動時は運転を止めるなど）、作業上の注意（身体の冷えを避ける、厚手の手袋や軽く暖かい服を用いるなど）、体操等の実施（毎日体操を行うなど）、通勤の方法（オートバイなどによる通勤を避ける）などについても、細かい指針が示されています。

チェーンソー以外の振動工具についても「チェーンソー以外の振動工具の取扱業務に係る振動障害予防対策指針」（80ページ）があります。どちらの指針についても基本的な内容は重複している部分が多いのですが、とりわけ特殊な計算式を用いて日振動ばく露量を求めた上で、手腕への影響の評価とそれに基づく対策（低振動の工具の選定、振動ばく露時間の抑制など）を行うという措置を強く勧奨しています。これは国際標準化機構（ISO）が推進する科学的管理手法の考え方を取り入れたものです。

■ チェーンソー使用時の振動障害予防措置

振動障害予防措置
- **チェーンソーの選定基準**
  - 防振機構内臓型を選定する
  - 可能な限り軽量のものを選ぶ
- **チェーンソーの点検・整備**
  - 定期点検　・振動工具管理責任者を定める
- **作業管理**
  - 振動障害を生じさせない工夫（伐倒・集材・運材等の計画的な組合せによる作業時間の平準化）
  - 振動が手腕へ与える影響の評価・対策（特殊な計算式）
- **その他措置**
  - 使用上や作業上の注意　・体操等の実施
  - 通勤方法

作業時の合図・会話による連携を妨害し、作業の安全をおびやかす騒音について、どのようなことが義務付けられているのでしょうか。

「騒音障害防止のためのガイドライン」に指針が定められています。

騒音障害（騒音性難聴など）の防止について、事業者は「騒音障害防止のためのガイドライン」（平成4年10月1日基発第546号）などに基づき、必要な措置をとることが求められます。このガイドラインは、コンクリートブレーカーやインパクトレンチなどによる作業を対象に策定されたものです。作業環境の騒音レベルを測定・評価し、評価区分に応じて防音保護具の使用、低騒音型機械の採用、防音設備の設置などが示されています。その他、労働者の健康診断、労働衛生教育の実施などを求めています。

特に事業者が「健康診断の結果を5年間保存する」「定期健康診断の結果を所轄労働基準監督署長に遅滞なく通知する」点については、労働安全衛生規則が実施を明確に義務付けています。

労働安全衛生法上の義務でもあるのは、著しい騒音を発する屋内作業場の作業環境測定です（65条1項、2項）。6か月以内ごとに1回（施設、設備、作業工程、作業方法を変更した場合はその都度）、定期的に、以下の方法で等価騒音レベルの測定を実施する必要があります。

① 作業場の床平面上に6m以下の等間隔の縦線と横線を引き、その交点（測定点）の床上1.2m〜1.5mの間で測定
② 発生源に近接して作業が行われる場合、その位置で測定

 酸素欠乏に対する対策について教えてください。

 危険な作業環境での作業で求められる措置です。

　酸素欠乏症とは、人体が酸素濃度18%未満の環境に置かれた場合に発症し、脳の機能障害および細胞破壊を引き起こす重大な健康障害です。特に井戸・地下室・倉庫・マンホールなどの内部や、炭酸水を湧出する地層などの場所での作業は、酸素欠乏症を発症する危険性が高いとされています。そのため、労働安全衛生法65条1項の規定に基づいた作業環境測定を行う必要があります。具体的な測定基準は「作業環境測定基準」（昭和51年4月22日労働省告示第46号）によって、以下のような定めがあります。
① 　測定点は、当該作業場における空気中の酸素の濃度の分布の状況を知るために適当な位置に5か所以上設ける
② 　測定は、酸素計または検知管方式による酸素検定器で行う
　事業者は、酸素欠乏症等防止のための対策が定められた「酸素欠乏症等防止規則」を遵守しなければなりません。この規則においては、作業場における空気中の酸素濃度の測定時期、測定結果の記録・保存、測定器具、換気、保護具・安全帯等、連絡体制、監視人等、退避、診察・処置などについて、細かい規定が設けられています。また、事業者は、所定の技能講習を修了した者の中から酸素欠乏危険作業主任者を選任し、労働者の指揮や、酸素欠乏症防止器具の点検などを行わせなければなりません。

粉じんに対する対策について教えてください。

事業者は、粉じんの濃度測定や、施設・設備の点検などの義務を負います。

　労働安全衛生法上の義務として、事業者は、一定の粉じんを著しく発散する屋内作業場について、作業環境測定を行う必要があります（65条1項、2項）。粉じんには、土石、岩石、鉱物、金属、炭素などがありますが、健康障害を引き起こす最も有名な粉じんは、鉱物の一種である石綿（アスベスト）です。石綿は建築用資材として多用されてきましたが、粉じんの吸引により呼吸器系の重大な疾病を引き起こすおそれがあります。

　作業環境測定基準では、粉じんの濃度測定を行う粉じんの種類などについて記されています。また、具体的な濃度測定に関しては「粉じん障害防止規則」が規定を置いています。土石、岩石、鉱物に関する特定粉じん作業（一定の発散源対策を講じる必要があり、その対策が可能である粉じん作業のこと）を行う屋内作業場では、原則として、粉じん中の遊離けい酸の含有量を測定します。また、特定粉じん作業を行う屋内作業場における作業環境測定は、6か月に1回ごとに定期的に実施することが必要です。

●事業者はどんなことをしなければならないのか
　事業者は、粉じんの濃度測定を行った際は、その都度、①測定日時、②測定方法、③測定箇所、④測定条件、⑤測定結果、⑥測定実施者氏名、⑦測定結果に基づく改善措置を講じたときの概要

を記載した測定記録を作成し、その記録を7年間保存します。

　また、厚生労働大臣の定める作業環境評価基準に照らして、作業環境評価を行わなければなりません。具体的には、作業環境の管理の状態に応じて、第一管理区分、第二管理区分、第三管理区分に区分することにより、当該測定の結果の評価を行います。評価を行った際は、その都度、①評価日時、②評価箇所、③評価結果、④評価実施者氏名を記録し、その記録を7年間保存します。

　事業者は、作業環境評価の結果、第三管理区分に区分された場所については、直ちに、施設・設備・作業工程・作業方法の点検を行い、その結果に基づいて作業環境を改善するため必要な措置を講じ、その場所の管理区分が第一管理区分または第二管理区分となるようにしなければなりません。

　また、事業者は「粉じん障害防止規則 別表第3」に掲げる作業に労働者を従事させる場合、労働者に有効な呼吸用保護具（送気マスク、空気呼吸器など）を使用させなければなりません。ただし、一定の作業（動力を用いて掘削する場所の作業など）に労働者を従事させる場合は、労働者に電動ファン付き呼吸用保護具を使用させなければなりません。

■ 粉じんの濃度測定における記録

粉じんの濃度測定
① 測定日時　② 測定方法
③ 測定箇所　④ 測定条件
⑤ 測定結果
⑥ 測定実施者氏名
⑦ 測定結果に基づく改善措置の概要

7年間保存

→ 測定結果 →

作業環境評価
① 評価日時　② 評価箇所
③ 評価結果
④ 評価実施者氏名

7年間保存

 事業者は、労働者の健康を守るために建築物などを解体する際にはどのような石綿対策の措置を講ずる必要があるのでしょうか。

 事業主は、石綿対策を講ずる必要があります。

　石綿（アスベスト）は、熱などに強く、頑丈で変化しにくく、コストパフォーマンスにも優れていたため、建築材料や化学設備などに多用されてきました。しかし、現在では石綿の製造、輸入、譲渡、提供、使用は全面禁止されています。石綿の粉じんを吸入することにより肺ガンなどの重大な疾病を引き起こす場合があるためです。このような問題点をふまえ、事業者は、労働者の健康を守るため、建築物などを解体する際は「石綿障害予防規則」などに基づき、必要な石綿対策の措置を講ずる必要があります。

●事前調査をする（石綿障害予防規則3条）
　建築物の解体や石綿除去などをする際、事業者は、あらかじめその建築物について、石綿使用の有無を目視や設計図書（工事用の図面とその仕様書）などにより調査しなければなりません。ただ、対象建築物の目視による石綿調査を行う場合、石綿使用の事実が見落されやすいという目視調査に特有の欠陥点があります。
　厚生労働省は「建築物等の解体等の作業における石綿ばく露防止対策の徹底について」（平成24年10月25日基安化発1025第3号）という通達で、目視調査で見落としやすい例を示して注意喚起を行っています。事前調査を行う事業者は、この例を確認しておくことが必要です。この通達では、内装仕上材、鉄骨造の柱、煙突

内部、天井裏などの石綿使用の事実が見落とされやすい場所の例示や、「石綿が煙突内部の石綿建材の上にコンクリートで覆われている」などの特殊な建設技術を要因とした見落されやすい石綿使用の例示などがなされています。

また、「建築物等の解体等の作業及び労働者が石綿等にばく露するおそれがある建築物等における業務での労働者の石綿ばく露防止に関する技術上の指針」(平成26年3月31日技術上の指針公示第21号)では、事前調査の細かい方法などを示しています。

たとえば、目視や設計図書などによる調査は「石綿に関し一定の知見を有し、的確な判断ができる者」が行うと定めるので、石綿作業主任者技能講習修了者などが行うことになります。分析による調査の際の手順も指定されており、用いる分析方法は「日本工業規格(JIS)A1481-1、A1481-2若しくはA1481-3又はこれら

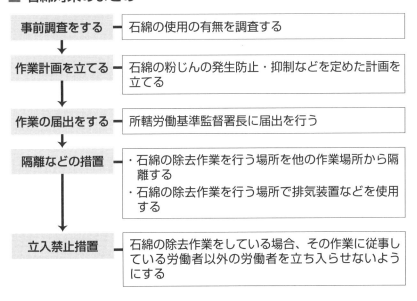

■ 石綿対策のまとめ

事前調査をする	石綿の使用の有無を調査する
作業計画を立てる	石綿の粉じんの発生防止・抑制などを定めた計画を立てる
作業の届出をする	所轄労働基準監督署長に届出を行う
隔離などの措置	・石綿の除去作業を行う場所を他の作業場所から隔離する ・石綿の除去作業を行う場所で排気装置などを使用する
立入禁止措置	石綿の除去作業をしている場合、その作業に従事している労働者以外の労働者を立ち入らせないようにする

と同等以上の精度を有する分析方法」との定めがあります。また、事業者は、調査結果の記録を作業場の見やすい位置に掲示し、その記録を40年間保存すべきことも示されています。

●作業計画を立てる（石綿障害予防規則4条、5条）

　事前調査の結果、解体などを検討している建築物で石綿使用の事実が判明した場合、事業者は「石綿障害予防規則」などに定める様々な措置を講じる必要があります。その中で最初にすべきものが、作業計画の策定と所轄労働基準監督署長への届出です。作業計画は、以下の事項を定める必要があります。そして、実際の作業も当該計画に従って進めなければなりません。

① 　作業の方法および順序
② 　石綿粉じんの発散を防止し、または抑制する方法
③ 　労働者への石綿粉じんのばく露を防止する方法

　実際に作業を行う際は、所轄労働基準監督署長への届出が必要です。届出については期限が定められています。たとえば、耐火建築物または準耐火建築物における吹付け石綿の除去作業については、工事開始の14日前までに作業計画を届け出なければなりません。また、建築物等（鋼製の船舶を含む）の解体等の作業のうち、以下の作業をする際は、工事開始前までに作業を届け出ることが必要です。

① 　石綿含有の保温材、耐火被覆材、断熱材の解体等の作業
② 　封じ込めまたは囲い込みの作業
③ 　①以外の吹付け石綿の除去作業

●隔離等の措置（石綿障害予防規則6条）

　事業者は、建築物等（鋼製の船舶を含む）の解体等の作業で、吹付け石綿の除去、封じ込めもしくは囲い込みの作業や、石綿等の切断等の作業を伴う石綿含有の保温材・耐火被覆材・断熱材の解体等の作業を労働者に行わせる際は、以下の措置を講じる必要

があります。
① 作業場所をそれ以外の作業場所から隔離する
② 作業場所の排気に集じん・排気装置を使用する
③ 作業場所を負圧(屋外よりも気圧が低い状態)に保つ
④ 作業場所の出入口に前室を設置する

●立入禁止措置(石綿障害予防規則7条)

　事業者は、石綿を使用した建築物等(鋼製の船舶を含む)の解体等の作業などを行う際は、当該作業に従事する労働者以外の者が立ち入ることを禁止する必要があります。同時に、立入禁止措置について周知するため、見やすい場所にその旨を表示しなければなりません。

■ 作業計画の策定・所轄労働基準監督署長への届出

作業計画
① 作業の方法および順序
② 石綿粉じんの発散を防止し、または抑制する方法
③ 労働者への石綿粉じんのばく露を防止する方法

所轄労働基準監督署長への届出	
作業内容	期限
耐火建築物または準耐火建築物における吹付け石綿の除去作業	工事開始の14日前
建築物等(鋼製の船舶を含む)の解体等の作業 ① 石綿含有保温材・石綿含有耐火被覆材・石綿含有断熱材の解体等の作業 ② 封じ込めまたは囲い込みの作業 ③ ①以外の吹付け石綿の除去作業	工事開始前

危険・有害物質に対する規制や対策について教えてください。

危険・有害物質に関する徹底した規制です。

労働者に重大な健康障害を生じさせ、またはそのおそれがある危険・有害物質について、労働安全衛生法は「製造等の禁止」をするものと「製造の許可」をするものとに分けて、製造等の規制を設けています。なお、製造等の規制は事業者に限らず、すべての者が適用対象となっています。

●製造等の禁止（55条）

「黄りんマッチ、ベンジジン、ベンジジンを含有する製剤その他の労働者に重度の健康障害を生ずる物で、政令で定めるもの」は、製造・輸入・譲渡・提供・使用（あわせて「製造等」といいます）が禁止されています。製造等が禁止される危険・有害物質は、次ページ図の「製造等の禁止（施行令16条1項）」に列挙されているものです。

ただし、試験研究目的があって、あらかじめ都道府県労働局長の許可を得た場合に限り、製造等の禁止に該当する物質の製造・輸入・使用が認められるとの例外があります。この例外に当てはまらないのに、製造等の禁止に該当する物質の製造等を行った者に対しては、3年以下の懲役または300万円以下の罰金という罰則が設けられています（116条）。

● 製造の許可（56条）

「ジクロルベンジジン、ジクロルベンジジンを含有する製剤その他の労働者に重度の健康障害を生ずるおそれのある物で、政令で定めるもの」を製造しようとする者は、あらかじめ、厚生労働大臣の許可を受けなければなりません。許可を得ると製造が可能となる物質は、下図の「製造の許可（施行令17条、別表第3第1号）」に列挙されているものです。

■ 危険・有害物質

製造等の禁止（施行令16条1項）

① 黄リンマッチ
② ベンジジンおよびその塩
③ 4-アミノジフェニルおよびその塩
④ 石綿
⑤ 4-ニトロジフェニルおよびその塩
⑥ ビス（クロロメチル）エーテル
⑦ ベーターナフチルアミンおよびその塩
⑧ ベンゼンを含有するゴムのりで、その含有するベンゼンの容量が当該ゴムのりの溶剤（希釈剤を含む）の5％を超えるもの
⑨ ②③⑤⑥⑦をその重量の1％を超えて含有し、または④をその重量の0.1％を超えて含有する製剤その他の物

製造の許可（施行令17条、別表第3第1号）

① ジクロベンジジンおよびその他の塩
② アルファーナフチルアミンおよびその塩
③ 塩素化ビフェニル（別名PCB）
④ オルト―トリジンおよびその塩
⑤ ジアニシジンおよびその塩
⑥ ベリリウムおよびその化合物
⑦ ベンゾトリクロリド
⑧ ①～⑥を重量の1％を超えて含有し、または⑦を重量の0.5％を超えて含有する製材その他（合金にあっては、ベリリウムをその重量の3％を超えて含有するものに限る）

ここで列挙されている物質は、試験研究目的でなくても製造の許可を得ることができるという点で、製造の禁止に該当する物質と異なります。

●**表示義務（57条）**

　ⓐ労働者に危険・健康障害を生ずるおそれのある物質や、ⓑ前述した「製造の許可」の対象となる危険・有害物質を、容器に入れるか、または包装して譲渡・提供する者は、以下の記載事項を容器または包装に表示する義務を負います。なお、上記のⓐⓑに該当して表示義務の対象となる物質については、労働安全衛生法施行令18条などで細かく規定を置いています。

① 　名称（「成分」は表示義務事項から除外されました）
② 　人体に及ぼす作用
③ 　貯蔵または取扱上の注意
④ 　表示をする者の氏名・住所・電話番号
⑤ 　労働者に注意を喚起するための標章（絵表示）
⑥ 　注意喚起語
⑦ 　安定性および反応性

　そして、この表示義務は危険性に関する情報を明確に表示することで、譲渡・提供された者が適切な安全措置を行えるようにすることを目的としており、該当物質を譲渡・提供する者に課された義務です。ただし、医薬品・医薬部外品・化粧品などの一般消費者の生活の用に供される製品として譲渡（販売）・提供される場合は、表示義務の対象とはなりません。

　表示方法については、容器・包装に直接表示事項を印刷するか、または表示事項を印刷したラベルを作成して貼ることとされています。容器・包装への直接の印刷・貼付が困難な場合は、表示事項のうち前述した「①名称」以外の事項については、印刷した票を容器や包装に結びつけて表示することが可能です。

 特殊健康診断とは具体的にどんなことをするのでしょうか。

 一般健康診断に加えて特別項目等に関する診断が実施されます。

　労働者が従事する業務の中には危険性が高く、他の業務に比べて、疾病等の発症原因として相関関係が比較的高いと考えられる有害業務があります。また、当該業務が原因で発症する疾病等がもたらす健康被害は重大であることが少なくなく、特に健康管理が大切であるとともに、疾病等の早期発見が非常に重要です。

　そこで、一般健康診断に併せて、診断項目を増加して行われる健康診断を特殊健康診断といいます（66条2項前段）。特殊健康診断を行うタイミングは、以下の場合とされています。
① 　労働者を雇い入れたとき
② 　有害業務に配置換えしたとき
③ 　6か月（または3か月）以内ごとの定期

　特殊健康診断の対象となる労働者がいる場合は、上記の時期に有害業務の内容に応じて定められた項目の健康診断を行わなければなりません。また、有害業務のうち歯やその支持組織に有害な物（塩酸・硫酸・硝酸など）のガス・蒸気・粉じんを発散する場所における業務に常時従事する労働者に対しては、歯科医師による健康診断を、雇入時、配置換え時、6か月ごとの定期に実施する必要があります（66条3項）。

　そして、有害業務を原因とする健康障害の中には、潜伏期間が

非常に長いものがあります。そこで、事業者は、一定の特定化学物質業務または石綿業務に従事した後、他の業務に配置換えした労働者（現に使用している者に限る）についても、6か月以内ごとに1回、定期に特殊健康診断を行わなければなりません（66条2項後段）。この特殊健康診断は、当該労働者が過去に有害業務に従事していたことを理由に定期的に実施しなければならない健康診断であるため、事業者は対象となる労働者や過去の有害業務について確認を怠ることがないよう注意が必要です。

健康診断の実施義務に違反した事業者は、50万円以下の罰金に処される可能性があります（120条、122条）。

また、都道府県労働局長が必要と認めたときには、労働衛生指導医の意見をもとに、事業者に対し、臨時の健康診断実施を指示できることになっています（66条4項）。労働衛生指導医とは、厚生労働大臣から任命された、労働衛生について学識経験を持つ医者のことです。他にも、たとえば紫外線や赤外線にさらされる業務や、激しい騒音を発生する場所での業務など一定の業務について、行政指導に基づき健康診断が行われる場合もあります。

■ **特殊健康診断の種類**

種類	対象となる業務
じん肺健康診断	粉じん作業
有機溶剤中毒予防健康診断	屋内作業場での有機溶剤の取扱い業務
鉛健康診断	鉛を取り扱う業務
四アルキル鉛健康診断	四アルキル鉛の製造・混入などを取り扱う業務
特定化学物質健康診断	特定化学物質を取り扱う業務（石綿を除く）
高気圧作業健康診断	高圧室内業務・潜水業務
電離放射線健康診断	エックス線などの電離放射線を受ける業務
石綿健康診断	石綿を取り扱う業務
歯科健康診断	労働安全衛生法施行令22条第3項に定める業務

建設業における救護措置について教えてください。

一定の建設作業現場では救護のための措置が講じられていることが必要です。

労働災害が起こった際に救護措置をとることは、どんな業種においても必要です。もっとも、労働安全衛生法上は、特に労働災害が発生する危険が高く、発生時には重大な被害が予想される以下の仕事を行う事業者に対して、救護に関する措置がとられる場合における労働災害を防止するため、必要な措置を講ずることを義務付けています。

① ずい道等の建設の仕事で、出入り口からの距離が1000m以上となる場所での作業や、深さが50m以上となるたて杭（通路として使用するものに限られる）の掘削を伴うもの
② 圧気工法を用いた作業を行う仕事で、ゲージ圧力が0.1メガパスカル以上の状態で行うこととなるもの

●講じておくべき必要な措置とは何か

労働安全衛生法25条の2では、上記①②の仕事の現場で爆発や火災などが完全に発生しないようにするのは難しいので、爆発や火災などに伴い労働者の救護措置がとられる場合における労働災害が発生しないように準備をしておくとの観点に立って、以下の措置を講じておくことが規定されています。

① 救護等に必要な機械等の備付けと管理

備え付けておくべきものは、ⓐ空気呼吸器または酸素呼吸器、

ⓑメタン・硫化水素・一酸化炭素・酸素の濃度測定器、ⓒ懐中電灯など、ⓓその他労働者の救護に必要とされるものです。

② 救護等に必要な訓練（救護訓練）の実施

訓練は１年以内ごとに１回実施することが必要であり、訓練を実施した年月日、訓練を受けた労働者の氏名、訓練の内容についての記録は３年間保存しなければなりません。

③ 救護の安全についての規程の作成

救護組織、機械等の点検・整備、訓練の実施などに関する規程が定められている必要があります。

④ 作業にかかる労働者の人数と氏名の確認

ずい道等の内部や高圧室内において作業を行う労働者の人数と氏名が常時確認できるようになっていることが必要です。

⑤ 技術的事項の管理者の選任

①～④の措置に関する技術的事項を管理する者は「救護技術管理者」と呼ばれ、事業者から労働者の救護の安全に関し必要な権限を与えられています。ずい道等の建設の仕事または圧気工法の作業に３年以上従事し、厚生労働大臣の定める研修を修了した者が選任される資格を持ちます。

これらの規定に対する違反には罰則があり、①～④について違反すると６か月以下の懲役または50万円以下の罰金、⑤について違反すると50万円以下の罰金となります。

●救護技術管理者への権限付与

救護技術管理者とは、救護に関する技術的事項を管理する技術者のことで、その事業場に専属の者が務めます。事業者は、救護技術がいざという時に円滑に行われるよう、救護技術管理者に対して労働者の救護の安全に関し必要な権限を付与しなければなりません。なぜなら、救護技術管理者が救護の安全について必要な権限を持たない場合、専門的見地から会社の救護設備に対する欠

陥点を改善し、必要な器具の購入予算請求などを行おうとしても、権限がないので何もできないという事態が生じ得るからです。

　そのため、事業者に対し、救護の安全について必要な知識や技術を持った者に権限の付与を義務付けることで、危険性の高い建設業作業の中でも事故発生率が高く、事故発生時の労働者の救護も人命に関わる仕事について、救護の安全に関する技術者の立場を安全上の要請からしっかりと守り独立させようとしています。

　また、救護技術管理者になるための資格として、ずい道等の建設の仕事に従事した経験が3年以上ある場合、または圧気工法の作業に従事した経験が3年以上ある場合で、厚生労働大臣が定める研修を修了した者であることが必要です。

■ 救護措置とは

労働安全衛生上の救護措置

- **救護等に必要な機械等の備付・管理**
  - ①空気呼吸器・酸素呼吸器
  - ②メタン・硫化水素・一酸化炭素・酸素濃度測定のため必要な測定器具（発生のおそれがない時は不要）
  - ③携帯用照明器具（懐中電灯など）
  - ④その他労働者の救護に関し必要な機械等

- **救護訓練の実施**
  - ①年に一度の実施
  - ②訓練日・労働者名・内容の記録は3年保存

- **救護の安全規程作成**
  - 救護組織、点検・整備、訓練実施の定めなど

- **作業労働者の人数・氏名確認**
  - ずい道等の内部や高圧室内作業の労働者数・その氏名

- **技術的事項の管理者の選任**
  - 救護技術管理者を定める

熱中症の予防対策にはどんなものがあるのでしょうか。

WBGT値を引き下げることが重要です。

　熱中症とは、体内の水分と塩分のバランスが崩れることで発症するめまい・失神・嘔吐・痙攣などの健康障害全般のことを指し、主に高温多湿な環境下で発症します。近年は夏場の気温が上昇する傾向にあり、熱中症になる危険が叫ばれています。

　特に高温多湿となる場合が多い建設業の現場では、労働者の命に関わる事態になりかねないため、熱中症にならないような対策を講じることが求められます。

　職場の熱中症予防については、厚生労働省の「職場における熱中症の予防について」（平成21年6月19日基発第0619001号）という通達に対策が示されています。この通達で熱中症対策として用いられているのが「WBGT値（暑さ指数）」です。

　WBGT値はWBGT＝Wet-Bulb Globe Temperatureの略で、熱中症を予防するために発表されている指標のことです。熱収支（人の身体と外気との熱気の出入り）に大きく影響される①湿度、②周囲の熱環境状況、③気温、を取り入れた上で示されています。

　WBGT値は熱によるストレスを示す指数で、これが高いほど熱中症を引き起こす危険が増すため、熱中症対策としてはWBGT値を引き下げることが重要になります。

　WBGT値を測定し、またWBGT予報値を確認しておくことで、

必要な措置等の参考にすることができます。特に、WBGT予報値を実際の測定値が上回るような事態においては、急遽作業時間の見直し等を行うなど臨時的な対応が必要といえるでしょう。

熱中症は真夏によく発症するイメージですが、実は春先も危険な時期とされています。時期的に「まだ大丈夫」という安心感があるため、気がついたときには脱水症状を起こしていた、という事態も少なくありません。そのため、事業者は春先のうちから、熱中症に対する措置を講じる必要性が求められています。

とくに事業者に要求される措置としては、作業管理と労働者の健康管理が挙げられます。作業管理としては、①休憩時間等を確保して身体に負担が大きい作業を避けるなどすること、②計画的に作業環境における熱への順化期間（熱に慣れ適応するために必要な期間）を設けること、③水分・塩分の作業前後・作業中の定期的な摂取の徹底を図ること、などが求められています。

そして、健康管理としては、健康診断の実施や医師等の意見の聴取、労働者に対する熱中症予防に関する指導などを行う必要があります。

■ **主な熱中症予防対策**

① 熱中症の発症に重大な影響を与える睡眠不足・体調不良等についての健康管理指導および該当者への必要な対応
② 定期的な水分および塩分摂取の指示および注意喚起
③ 高温多湿環境下での作業に不慣れな者に対して「暑熱馴化期間」を設ける
④ 暑さ指数の測定や予報値の確認をした上で、指数の引き下げを図る
⑤ ①〜④の措置の対策開始時期は早めを心がけ、設定する

建設業における災害防止対策（リスクアセスメント）について教えてください。

建設業では災害防止のために必要な調査や届出、審査が行われます。

　リスクアセスメントとは、事業場の危険性または有害性を見つけ出し、これを低減するための手法のことです。労働安全衛生法28条の2では「危険性又は有害性等の調査及びその結果に基づく措置」として、建設業などの事業場の事業者に対して、リスクアセスメントおよびその結果に基づく措置の実施に取り組むよう努めることを求めています。

　リスクアセスメントを実施するためには、前提として、建設業特有の事業性をふまえなければなりません。具体的には、建設業には、①所属の違う労働者が同じ場所で作業をして、複数かつ何層にもわたる複雑な下請け構造をもつこと、②短期間に作業内容が変化する可能性があることなどの特徴があります。労働安全衛生関係の法令を遵守することはもちろん、現場の元方事業者が統括管理を行い、関係請負人各々が自主的に安全衛生活動を行い、そして本店や支店が安全衛生指導を行い、関係団体や行政が一体となって総合的な労災防止対策を行っていく必要があります。

　リスクアセスメントの実施について「危険性又は有害性等の調査等に関する指針」（平成18年3月10日危険性又は有害性等の調査等に関する指針公示第1号）は、①労働者の就業に係る危険性または有害性の特定、②特定された危険性または有害性ごとのリ

スクの見積り、③見積りに基づくリスクを低減するための優先度の設定およびリスク低減措置の検討、④優先度に対応したリスク低減措置の実施という手順を示しています。リスクアセスメントを実施する際には、下図のように、安全管理の担当者が役割を果たすことになります。

また、リスクアセスメントの実施に際し、事業者が作業標準・作業手順書・仕様書などの資料を入手し、その情報を活用するとともに、①洗い出した作業、②特定した危険性または有害性、③見積もったリスク、④設定したリスク低減措置の優先度、⑤実施したリスク低減措置の内容を記録することを示しています。

●**工事計画の届出と審査**

労働安全衛生法88条1項～3項では、事業者に対し、一定規模以上の建設工事などを行う事業者に対して、工事開始日の14日前または30日前に、所轄労働基準監督署長または厚生労働大臣に届け出ることを義務付けています。事前届出があった工事については審査が行われ（89条1項）、法令違反があった場合には工事の差止めや計画変更の命令がなされます（88条6項）。これは計画段階で行われる災害防止のための措置です。

■ **リスクアセスメントの実施体制と役割**

総括安全衛生管理者	➡ 調査の実施を統括管理する
安全管理者・衛生管理者	➡ 調査の実施を管理する
安全衛生委員会・ 安全委員会・衛生委員会	➡ 調査を実施する上で労働者に関与してもらうようにする
職　　長	➡ 危険性・有害性の特定、リスクの見積り、リスク低減措置の検討を行ってもらうように努める
機械設備の専門家	➡ 機械設備などについて調査を実施する

※事業者は調査を実施する者に対して必要な教育を実施する

機械等の安全確保のための規制について教えてください。

取扱いに高い危険が伴う特定機械等は、検査を受けなければ使用できません。

労働安全衛生法37条1項では、①ボイラー、②第一種圧力容器、③クレーン、④移動式クレーン、⑤デリック、⑥エレベーター、⑦建設用リフト、⑧ゴンドラの8種類の機械を「特定機械等」と規定し、労働災害を防止するための規制を定めています。

特定機械等は、業務において特に危険とされる作業に用いられる機械であるため、これらが正常に動作しなかった場合には非常に重大な労働災害を引き起こす恐れがあります。

そのため、特定機械等を製造する際は、不良品による事故が発生しないように都道府県労働局長の許可を受けることが必要とされています（37条）。

また、一度は使用を廃止した特定機械等を再び使用することとなった場合も、安全を守るために都道府県労働局長の行う検査を受けることが義務付けられています（38条1項）。さらに、特定機械等を設置した場合や何らかの変更を加えた場合、使用を休止していた特定機械等を再び使用し始める際には、労働基準監督署長の行う検査を受けなければ使用することができません（38条3項）。

●検査証の必要性

検査に合格した特定機械等には「検査証」が交付されます。こ

の検査証がない場合は、特定機械等の譲渡・貸与をすることはできません（40条2項）。検査証には有効期間があり、有効期間を更新するためには登録性能検査機関が行う性能検査を受ける必要があります（41条2項）。その上で、特定機械等の場合は事業者が自ら点検を行うことが求められています。

なお、特定機械等以外にも、定期に自主検査をすることが規定されている機械等があり、それらの中でも一定の機械等については、有資格者または登録検査業者（依頼に応じて特定自主検査を行うことが認められた業者のことで、厚生労働省もしくは都道府県労働局に備えられた検査業者名簿に登録される）に検査（特定自主検査）を実施させることが必要とされています（45条1～2項）。

■ 特定機械等の規制内容

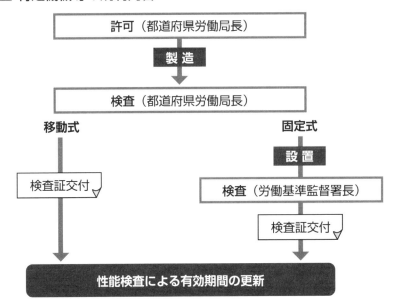

 **車両用建設機械を使用する際の注意点を教えてください。**

 前照灯やヘッドガードの設置などを行う必要があります。

　車両系建設機械についても、事故が発生すると危険性が高いため、安全基準が定められています。車両系建設機械とは、主に以下のものを指します。
① 　整地・運搬・積込み用機械としてのブル・ドーザー、モーター・グレーダー、トラクター・ショベル、ずり積機
② 　掘削用機械としてのパワー・ショベル、ドラグ・ショベル、ドラグライン
③ 　基礎工事用機械としてのくい打機
④ 　締固め用機械としてのローラー
⑤ 　コンクリート打設用機械としてのコンクリートポンプ車
⑥ 　解体用機械としてのブレーカ
　車両用建設機械を使用する場合に事業者が講ずべき措置については、主に労働安全衛生規則で規定されています。
　車両系建設機械には、前照灯を備える必要があります。ただし、作業を安全に行うための照度が保持されている場所では、前照灯を備える必要はありません（労働安全衛生規則152条）。
　また、岩石の落下等により労働者に危険が生ずるおそれのある場所で車両系建設機械（ブル・ドーザー、トラクター・ショベル、ずり積機、パワー・ショベル、ドラグ・ショベル、ブレーカに限

る）を使用する際には、その車両系建設機械に堅固なヘッドガードを備えなければなりません（労働安全衛生規則153条）。

車両系建設機械を使って作業を行う際には、その車両系建設機械の転落、地山の崩壊等による労働者の危険を防止するために、当該作業を行う場所の地形、地質の状態を調査し、その結果を記録しておく必要があります（労働安全衛生規則154条）。

なお、事業者は、車両系建設機械を用いて作業を行う場合には、事前に前述の調査により知り得たところに適応する作業計画を定め、作業計画に従って作業を行わなければなりません。作業計画には、①使用する車両系建設機械の種類・能力、②車両系建設機械の運行経路、③車両系建設機械による作業の方法を示し、事業者は、その作業計画を労働者に対して周知しなければなりません（労働安全衛生規則155条）。さらに、車両系建設機械を使って作業を行うときは、乗車席以外の箇所に労働者を乗せてはいけません（労働安全衛生規則162条）。

■ 車両用建設機械使用時の安全確保措置

車両用建設機械使用時の安全確保措置

- **前照灯の設置**
  作業を安全に行うための照度が保持されている場所で車両系建設機械を使用する場合

- **堅固なヘッドガードの設置**
  岩石の落下等など労働者に危険が生ずるおそれのある場所で車両系建設機械を使用する場合

- **作業場所の地形・地質の状態の調査、結果記録**
  車両系建設機械を使って作業を行う場合において、以下の労働者の危険を防止するための対策
  ① 車両系建設機械の転落　② 地山の崩壊等

- **乗車席以外の箇所への労働者乗車禁止**
  車両系建設機械を使って作業を行う場合

くい打ち機を使用した作業の安全を確保するための措置について教えてください。

労働安全衛生規則に強度や倒壊防止などに関する定めがあります。

　動力を用いるくい打機やくい抜機（不特定の場所に自走できるものを除く）、ボーリングマシンの機体・附属装置・附属品については、労働者の安全を守るため、使用の目的に適応した必要な強度を有し、著しい損傷・摩耗・変形・腐食のないものでなければ使用することはできません（労働安全衛生規則172条）。

　また、動力を用いるくい打機やくい抜機、ボーリングマシンについては、倒壊を防止するため、労働安全衛生規則173条により定められた以下のような措置を講じる必要があります。

①軟弱な地盤への据付時は、脚部・架台沈下防止のため敷板、敷角を使用する、②施設や仮設物等への据付時は、耐力確認の上、不足時は補強する、③脚部・架台が滑動するおそれがある場合、くい・くさびで固定させる、④くい打機・くい抜機・ボーリングマシンは、不意の移動を防ぐためレールクランプ、歯止め等で固定させる、⑤控えのみで頂部を安定させる場合、数を3以上とし、末端は堅固な控えぐいや鉄骨に固定させる、⑥控線のみで頂部を安定させる場合、控線の等間隔配置や数を増やす方法で安定させる、⑦バランスウエイトで安定させる場合、移動を防止するために架台に確実に取り付ける

玉掛け作業や移動式クレーンの安全を確保するための措置について教えてください。

安全確保のために使用が禁止された対象物もあります。

ワイヤロープの安全係数（安全に使用できる限度や基準などを示す数値）は6以上、フックまたはシャックルの安全係数は5以上と定められています（クレーン等安全規則213条、214条）。ワイヤロープ、つりチェーンなどの器具を用いて玉掛け作業を行うときは、その日の作業を開始する前に当該器具の異常の有無について点検を行い、異常を発見した場合には直ちに補修する必要があります（クレーン等安全規則220条）。

●移動式クレーンを使用する作業の安全確保措置

移動式クレーンを使って作業を行う場合には、当該移動式クレーンに検査証を備え付けておかなければなりません（クレーン等安全規則63条）。

また、移動式クレーンは、厚生労働大臣が定める基準（移動式クレーンの構造に関係する部分に限ります）に適合するものであることが必要です（クレーン等安全規則64条）。

移動式クレーンを使用する際には、当該移動式クレーンの構造部分を構成する鋼材の変形、折損等を防止するために、当該移動式クレーンの設計の基準とされた負荷条件に留意しなければなりません（クレーン等安全規則64条の2）。移動式クレーンの巻過防止装置については、フック、グラブバケット等のつり具の上面

第3章 ● 危険防止のための措置と対策　109

または当該つり具の巻上げ用シーブの上面と、ジブの先端のシーブその他当該上面が接触するおそれのある物（傾斜したジブを除きます）の下面との間隔が0.25m以上（直働式の巻過防止装置では、0.05m以上）となるように調整しておかなければなりません（クレーン等安全規則65条）。

　移動式クレーンを使って作業を行う際には、移動式クレーンの転倒等による労働者の危険を防止するために、作業に必要な場所の広さ、地形および地質の状態、運搬しようとする荷の重量、使用する移動式クレーンの種類・能力等を考慮して、以下の事項を決める必要があります（クレーン等安全規則66条の２）。
・移動式クレーンによる作業の方法
・移動式クレーンの転倒を防止するための方法
・移動式クレーンによる作業に係る労働者の配置・指揮の系統

■ 玉掛け作業における安全確保のための禁止事項

対象物	使用禁止内容	禁止要項
ワイヤロープ	クレーン、移動式クレーン、デリックの玉掛用具として使用禁止	①ワイヤロープ１よりの間において素線（フィラ線を除く）の数の 10％以上の素線が切断
ワイヤロープ		②直径の減少が公称径の７％を超える
ワイヤロープ		③キンク状態（ロープやホースなどによじれなどが生じ、元に戻りにくい状態）
ワイヤロープ		④著しい形くずれや腐食がある
つりチェーン		①伸びが当該つりチェーンが製造されたときの長さの５％を超える
つりチェーン		②リンクの断面の直径の減少が、当該つりチェーンが製造されたときの当該リンクの断面の直径の10％を超える
つりチェーン		③き裂がある
フック、シャックル、リング等の金具		①変形している
フック、シャックル、リング等の金具		②き裂がある

Question 18 エレベーター、建設用リフト、ゴンドラを使用する作業の安全を確保する措置について教えてください。

クレーン等安全規則やゴンドラ安全規則において、事業者が講ずべき措置が定められています。

　エレベーターの使用については、クレーン等安全規則147条～150条において、事業者が講ずべき安全確保のための具体的な措置が定められています。たとえば、エレベーターを使って作業を行う際は、作業場所にエレベーター検査証を備え付ける必要があります。また、エレベーターは厚生労働大臣の定める基準（エレベーターの構造部分に限る）に適合しなければ使用することはできません。エレベーターのファイナルリミットスイッチ、非常止めその他の安全装置が有効に作用するような調整を行うことも必要とされています。

　一方、エレベーターにその積載荷重を超える荷重をかけて使用することは禁止されています。

●建設用リフトを使用する作業の安全を確保するための措置

　建設用リフトの使用については、クレーン等安全規則180条～183条において、事業者が講ずべき安全確保のための具体的な措置が定められています。たとえば、建設用リフトを使って作業を行う際は、作業場所に建設用リフト検査証を備え付ける必要があります。建設用リフトには厚生労働大臣の定める基準（建設用リフトの構造部分に限る）に適合しなければ使用できません。

また、巻上げ用ワイヤロープに標識を付すること、警報装置を設けることなど、巻上げ用ワイヤロープの巻過ぎによる労働者の危険を防止するための措置も必要です。

●ゴンドラを使用する作業の安全を確保するための措置

ゴンドラを使用する作業の安全確保のための措置は、ゴンドラ安全規則13条～22条に定められています。たとえば、ゴンドラにその積載荷重を超える荷重をかけての使用は禁止されています。ゴンドラの作業床の上で、脚立、はしごなどを使用して労働者に作業させることも禁止されています。ゴンドラを使用して作業を行うときは、ゴンドラの操作について一定の合図を定め、合図を行う者を指名した上で合図を行わせる必要があります。

また、ゴンドラの作業床で作業を行う際には、当該作業を行う労働者に安全帯その他の命綱を使用させなければなりません。さらに、強風、大雨、大雪等の悪天候のため、ゴンドラを使用する作業の実施について危険が生じる可能性がある場合には、当該作業を行ってはいけません。

■ ゴンドラ作業時の作業開始前点検

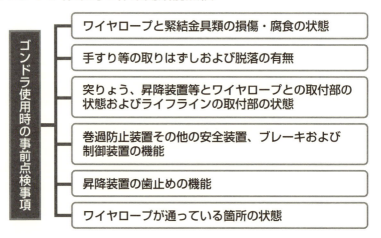

掘削工事の安全を確保するために事業者が講ずべき措置について教えてください。

作業箇所等の調査や点検などの措置を講じる必要があります。

　地山の掘削の作業を行う際に、地山の崩壊、埋設物の損壊等により労働者に危険を及ぼす可能性がある場合には、作業箇所とその周辺の地山について以下の事項を調査し、掘削の時期と順序を定めて作業を行う必要があります（労働安全衛生規則355条）。
① 　形状、地質および地層の状態
② 　き裂、含水、湧水および凍結の有無および状態
③ 　埋設物等の有無および状態
④ 　高温のガスおよび蒸気の有無および状態

　なお事業者は、手掘りにより地山の掘削作業を行う場合には、掘削面のこう配について、規定された基準を遵守しなければなりません（労働安全衛生規則356条）。たとえば、掘削面の高さが5m未満の岩盤・堅い粘土からなる地山では、掘削面のこう配は90度以下でなければなりません。

　また、掘削面の高さが2m以上となる地山の掘削作業を行う場合には、「地山の掘削及び土止め支保工作業主任者技能講習」を修了した者の中から、地山の掘削作業主任者を選任する必要があります（労働安全衛生規則359条）。

　選任された地山の掘削作業主任者は、主に次の3つの業務を担当します（労働安全衛生規則360条）。

① 作業の方法を決定し、作業を直接指揮すること
② 器具と工具を点検し、不良品を取り除くこと
③ 安全帯等と保護帽の使用状況を監視すること

なお、明り掘削（坑外で行われる掘削作業のこと）の作業を行う場合、掘削機械・積込機械・運搬機械の使用によるガス導管、地中電線路その他地下に存在する工作物の損壊によって、労働者に危険が及ぶ可能性がある場合には、これらの機械を使用してはなりません（労働安全衛生規則363条）。

明り掘削の作業を行う場合には、あらかじめ、運搬機械・掘削機械・積込機械（車両系建設機械と車両系荷役運搬機械等を除く）の運行の経路と、これらの機械の土石の積卸し場所への出入の方法を定めて、これを関係労働者に周知させる必要があります（労働安全衛生規則364条）。また、明り掘削の作業を行う場合において、運搬機械等が、労働者の作業箇所に後進して接近するとき、または転落するおそれがあるときは、誘導者を配置して、誘導者にこれらの機械を誘導させなければなりません（労働安全衛生規則365条）。

■ 掘削工事の安全確保措置

作業箇所・周辺地山の調査
①形状・地質・地層の状態
②き裂、含水、湧水、凍結の有無・状態
③埋設物等の有無・状態
④高温のガス、蒸気の有無・状態

↓

掘削の時期・順序の設定

↓

掘削作業の開始

掘削面2m以上の地山の掘削

↓

地山の掘削作業主任者の選任

①作業方法の決定、作業の直接指揮
②器具と工具の点検、不良品の除去
③安全帯等・保護帽の使用状況の監視

Q20 足場や高所作業車の組立ての安全を確保するための措置について教えてください。

各作業について、事業者は指示・監視等の義務を負います。

　つり足場（ゴンドラのつり足場を除きます）、張出し足場や高さが2m以上の構造の足場の組立て、解体または変更の作業を行う際には、以下の措置を講じる必要があります（労働安全衛生規則564条）。

① 組立て・解体・変更の時期・範囲・順序を当該作業に従事する労働者に周知させること
② 組立て・解体・変更の作業を行う区域内には、関係労働者以外の労働者の立入りを禁止すること
③ 強風、大雨、大雪等の悪天候のため、作業の実施について危険がある場合には作業を中止すること
④ 足場材の緊結、取りはずし、受渡し等の作業にあっては、幅40cm以上の作業床を設け、労働者に安全帯を使用させるなど、墜落による労働者の危険を防止するための措置を講ずること
⑤ 材料、器具、工具等を上げ、またはおろすときは、つり綱、つり袋等を労働者に使用させること

　また、所定の足場の組立て・解体・変更の作業（施行令6条15号）を行う場合には、事業者は「足場の組立て等作業主任者技能講習」を修了した者の中から、足場の組立て等作業主任者を選任し（労働安全衛生規則565条）、選任した足場の組立て等作業主任

第3章 ● 危険防止のための措置と対策　115

者に対して、以下の事項を行わせる必要があります。ただし、解体作業の際には、①の事項を行わせる必要はありません（労働安全衛生規則566条）。
① 材料の欠点の有無を点検し、不良品を取り除くこと
② 器具・工具・安全帯等および保護帽の機能を点検し、不良品を取り除くこと
③ 作業の方法と労働者の配置を決定し、作業の進行状況を監視すること
④ 安全帯等および保護帽の使用状況を監視すること

なお、事業者は、足場およびつり足場における作業を行うときは、その日の作業を開始する前に（つり足場の方が点検項目が多い）、安全状態を点検し、異常がある場合には、直ちに補修しなければなりません（労働安全衛生規則567条１項、568条）。

●**高所作業車を使用する作業の安全を確保するための措置**
事業者は、高所作業車（運行の用に供するものを除きます）については、前照灯と尾灯を備えなければなりません。ただし、走行の作業を安全に行うため必要な照度が確保されている場所では、その必要はありません（労働安全衛生規則194条の８）。

また、高所作業車を用いて作業（道路上の走行の作業を除きます）を行うときは、当該作業を行う場所の状況や当該高所作業車の種類・能力等に適応する作業計画を定めた上で、当該作業計画により作業を行う必要があります（労働安全衛生規則194条の９）。

さらに、高所作業車の運転者が走行のための運転位置から離れる場合（作業床に労働者が乗って作業を行う場合を除きます）には、当該運転者に以下の措置を講じさせる必要があります（労働安全衛生規則194条の13）。
① 作業床を最低降下位置に置くこと
② 原動機を止め、かつ、停止の状態を保持するためのブレーキ

を確実にかけるなどの高所作業車の逸走を防止する措置を講ずること

そして、高所作業車（作業床において走行の操作をする構造のものを除きます）を走行させる際には、高所作業車の作業床に労働者を乗せてはいけません。ただし、平坦で堅固な場所において高所作業車を走行させる場合には例外措置が設けられています。具体的には、以下の措置を講じた際は労働者を乗せることができます（労働安全衛生規則194条の20）。

① 誘導者を配置し、その者に高所作業車を誘導させること
② 一定の合図を定め、誘導者に合図を行わせること
③ あらかじめ作業時における高所作業車の作業床の高さとブームの長さ等に応じた高所作業車の適正な制限速度を定め、それにより運転者に運転させること

■ **高所作業車使用時の安全確保措置**

```
           ┌─ 前照灯・尾灯の整備
           │
           ├─ 作業計画に応じた作業実施
           │   作業場所の状況、高所作業車の種類・能力等に
安全確保措置 │   適応した作業計画を定める
           │
           ├─ 走行用運転位置から離れる場合の措置
           │   ① 作業床を最低降下位置に置く
           │   ② 高所作業車の逸走防止措置
           │
           └─ 走行時の作業床への労働者乗車の禁止
                   │
                   └─ 平坦・堅固な場所における例外措置
                       ①誘導者を配置　②一定の合図を定めて実施
                       ③あらかじめ作業時の作業床の高さ・ブームの
                         長さに応じた適正な制限速度の設定
```

2m以上の高所からの墜落による危険を防止するための措置について教えてください。

あらゆる労働災害を想定して安全を確保する措置をとる必要があります。

　事業者は、高さが2m以上の箇所（作業床の端・開口部等を除く）で作業を行う場合において、墜落により労働者に危険が生じる可能性がある際は、足場を組み立てるなどの方法により作業床を設けなければなりません。作業床の設置が難しい場合は防網を張り、労働者に安全帯を使用させるなど、墜落による危険を防止するための措置を講じる必要があります（労働安全衛生規則518条）。

　高さが2m以上の箇所で作業を行う場合において、労働者が安全帯等を使用する際には、安全帯等を安全に取り付けるための設備等を設ける必要があります。労働者が安全帯等を使用する際には、安全帯等やその取付け設備等の異常の有無について、随時点検しなければなりません（労働安全衛生規則521条）。

　また、強風、大雨、大雪等の悪天候のため、当該作業の実施について危険が予想される場合には、当該作業に労働者を従事させてはいけません（労働安全衛生規則522条）。

●作業構台の作業の安全を確保するための措置

　事業者は、仮設の支柱や作業床等により構成され、材料や仮設機材の集積・建設機械等の設置・移動を目的とする高さが2m以上の設備で、建設工事に使用するもの（作業構台）の材料には、

著しい損傷・変形・腐食のあるものを使用してはいけません（労働安全衛生規則575条の２）。

作業構台を組み立てる際には、組立図を作成し、その組立図に従って組み立てなければなりません。また、この組立図は、支柱・作業床・はり・大引き等の部材の配置や寸法が示されている必要があります（労働安全衛生規則575条の５）。

●作業のための通路の安全を確保するための措置

事業者は、作業場に通ずる場所と作業場内の通路は、労働者が安全に業務を遂行するため、安全に使用できるような措置を講じる必要があります（労働安全衛生規則540条以下、下図参照）。

■ 作業のための通路の安全確保措置

通路の安全確保措置

- **作業場に通ずる場所または作業場内の通路確保**
  主要な通路には「通路」を示す表示が必要

- **通路の採光・照明方法の検討**
  坑道、常時通行のため使用しない地下室などで通行する労働者で、適当な照明具を持たせる場合は必要なし

- **屋内に設ける通路の要件**
  ①用途に応じた幅を有する
  ②通路面は、つまずき・すべり・踏抜などの危険のない状態を保つ
  ③通路面から高さ1.8m以内に障害物を置かない

- **常時使用しない避難用の出入口・通路・避難用器具への措置**
  避難用である旨の表示をして容易に利用することができるような状態を保つ必要あり

コンクリート造りの工作物の解体作業の安全を確保する措置について教えてください。

事故防止措置や立入制限、悪天候時の中止措置などがあります。

　事業者は、コンクリート造の工作物（その高さが5ｍ以上であるものに限る）の解体または破壊の作業を行う場合には、工作物の倒壊・物体の飛来・落下等による労働者の危険を防止するために、工作物の形状・き裂の有無・周囲の状況等を調査した上で作業計画を定め、その作業計画に基づいて作業を行う必要があります（労働安全衛生規則517条の14）。この作業計画には、①作業の方法と順序、②使用する機械等の種類と能力、③控えの設置、立入禁止区域の設定その他の外壁・柱・はりなどの倒壊や落下による労働者の危険を防止するための方法を示すことが必要です。

　上記の解体・破壊の作業において講ずべき安全措置としては、以下のものがあります（労働安全衛生規則517条の15）。

① 　作業区域内の関係労働者以外の労働者の立入りを禁止する
② 　強風・大雨・大雪等の悪天候で作業の実施に危険が予想される場合は作業を中止する
③ 　器具・工具等を上げ下げする際には、つり綱・つり袋などを労働者に使用させる

　また、「コンクリート造の工作物の解体等作業主任者技能講習」の修了者の中から、コンクリート造の工作物の解体等作業主任者を選任しなければなりません（労働安全衛生規則517条の17）。

橋梁・架設の作業の安全を確保するための措置について教えてください。

労働者への各種指導や補強材の取付等の義務を負います。

　事業者は、橋梁の上部構造であって、コンクリート造のもの（その高さが5m以上であるものや、上部構造のうち橋梁の支間が30m以上である部分に限る）の架設または変更の作業を行う際には、作業計画を定め、その作業計画に従って作業を行う必要があります（労働安全衛生規則517条の20）。

　その上で、上記の架設・変更の作業を行う際は、以下の措置を講じる必要があります（労働安全衛生規則517条の21）。
① 作業を行う区域内には、関係労働者以外の労働者の立入りを禁止すること
② 強風・大雨・大雪等の悪天候のため、作業の実施について危険が予想されるときは、作業を中止する
③ 材料・器具・工具類等を上げ下げする際には、つり綱・つり袋等を労働者に使用させる
④ 部材・架設用設備の落下・倒壊により労働者に危険を及ぼす可能性がある場合には、控えの設置、部材・架設用設備の座屈・変形の防止のための補強材の取付け等の措置を講ずる

　また、「コンクリート橋架設等作業主任者技能講習」の修了者の中から、コンクリート橋架設等作業主任者を選任しなければなりません（労働安全衛生規則517条の22）。

 **型わく支保工の作業の安全を確保するための措置について教えてください。**

 不適切な材料を使用させず、組立図に従って組み立てさせなければなりません。

　事業者は、型わく支保工（支柱・はり・つなぎなどの部材により構成され、建設物におけるコンクリートの打設に用いる型枠を支持する仮設の設備のこと）の材料については、著しい損傷・変形・腐食があるものを使用してはいけません（労働安全衛生規則237条）。また、型わく支保工に使用する支柱・はり・はりの支持物の主要な部分の鋼材については、所定の日本工業規格に定める規格に適合するものを使用する必要があります（労働安全衛生規則238条）。型わく支保工については、型わくの形状、コンクリートの打設の方法等に応じた堅固な構造のものでなければ、使用してはなりません（労働安全衛生規則239条）。

　型わく支保工を組み立てるときは、組立図を作成し、その組立図に従って組み立てる必要があります。組立図は、支柱・はり・つなぎ・筋かい等の部材の配置・接合の方法・寸法が示されているものでなければなりません（労働安全衛生規則240条）。

　また、事業者は、作業における支柱の沈下や支柱の脚部の滑動などを防止するための措置を講じる義務を負います（労働安全衛生規則242条）。そして、「型枠支保工の組立て等作業主任者技能講習」の修了者の中から、型枠支保工の組立て等作業主任者を選任しなければなりません（労働安全衛生規則246条）。

ずい道についてどのような危険防止策を講じる必要があるのでしょうか。

落盤や爆発、火災などについて防止措置をとります。

　ずい道（トンネル）の建設工事作業は、ずい道作業特有の危険をはらんでいるため、その対策を中心にあらゆる安全確保のための措置が必須です。ずい道の建設工事には、落盤や出入口付近の地山の崩壊といった特有の危険があります。

　そのため、事業者は、落盤防止措置としてずい道支保工を設けなければならないこと、ロックボルトを施すなどの防止措置を講じなければなりません（労働安全衛生規則384条）。

　また、地山の崩壊等による危険の防止措置として、土止め支保工（土砂崩れなどを未然に防ぐための仮設構造物）を設けなければならないとともに、防護網を張るなどの危険防止措置を講じなければなりません（労働安全衛生規則385条）。さらに、浮石の落下や落盤など落石の危険がある場所には、関係労働者以外の労働者を立ち入らせないようにする他（労働安全衛生規則386条）、運搬機械等の運行経路の周知、誘導者の配置、保護帽の着用、照度の保持についても定めています（労働安全衛生規則388条）。

●爆発や火災などを予防するためには

　ずい道内の工事には閉塞性があり、換気が悪いという特殊性があります。そのため、万が一の事故の際、被害を拡大させる場合があります。その代表例は、爆発や火災による事故です。ずい道

の内部は、爆発の衝撃、火炎、煙といった有害なものからの逃げ場がほとんどありません。そのため、事業者に対して適切な安全確保措置をとることを義務付けています。

　まず、ずい道の建設工事を行う場合、可燃性ガス発生のおそれがあるときは、定期的に可燃性ガスの濃度測定および記録を行わなければなりません（労働安全衛生規則382条の2）。

　次に、可燃性ガスの発生が認められる場合には、自動警報装置の設置も必要です。自動警報装置は、検知部周辺で作業を行っている労働者に対し、可燃性ガス濃度の異常な上昇を速やかに知らせることのできる構造としなければなりません。そして、作業開始前に必ず自動警報装置を点検し、異常があれば直ちに補修する必要があります（労働安全衛生規則382条の3）。

　その他、火災や爆発などの事態に備え、警報装置が作動した場合にとるべき措置の策定および周知、火気を使用する場合における防火担当者の指名、消火設備の設置および使用方法・設置場所の周知などの対策も必要です（労働安全衛生規則389条の2〜389条の5）。そして、ずい道内の視界を保持するため、換気を行い、水をまくなどの必要な措置を講じる必要もあります（労働安全衛生規則387条）。

■ 落盤・地山崩壊の防止措置

落盤の危険	**落盤の防止措置**　①ずい道支保工の設置　②ロックボルトを施す措置
地山の崩壊の危険	**地山の崩壊の防止措置**　①土止め支保工の設置　②防護網を張る措置
落石の危険	関係者以外の立入禁止
その他の講ずべき措置	機械の運行経路周知・誘導者の配置・保護帽の着用・照度の保持措置など

健康に重大な被害を与える危険物の取扱いについて教えてください。

労働者の安全や健康を守るため、危険物質の取扱いについて詳細な規制があります。

　危険物に対して適切な措置を取らない場合、労働者が作業を続けることができなくなる可能性があり、最悪の場合は労働者の生命に関わるケースも存在します。労働安全衛生法では、このような危険物に対して製造や使用などを禁止する規定や、危険物が含まれている旨の表示を義務付ける規定などを設けています。

　また、危険物質の製造や取扱いには作業指揮者を定め、その作業指揮者の指揮の下に作業を行うことが規定されています。作業指揮者は、危険物の製造や取扱いを行う設備等や場所、危険物の取扱いの状況などを随時点検します（労働安全衛生規則257条）。

● 製造・輸入・譲渡・提供・使用のすべての禁止（55条）

　労働者の健康に重大な被害を与える危険があるとしてもっとも厳しく規定されているのは、黄りんマッチ、ベンジジンおよびその塩、石綿などで、製造・輸入・譲渡・提供・使用のすべてが禁止されています。この規定に違反した場合には、3年以下の懲役または300万円以下の罰金という重い刑罰を受けることがあります（116条、122条）。ただし、以下のケースに該当する場合は、例外として製造・輸入・使用が認められます。

① あらかじめ都道府県労働局長の許可を得た上で「試験研究のため」に製造・輸入・使用する場合

②　厚生労働大臣が定める基準に従って製造・使用する場合

なお、②の厚生労働大臣が定める基準とは「労働安全衛生規則第273条の3第1項および別表第7の3の項の規定に基づき厚生労働大臣が定める基準」のことです。たとえば、黄りんは20kg、マグネシウム粉は500kg、金属ナトリウムは5kgなど、物質ごとに危険性に応じて定められています。

●許可を得ることで製造が可能（56条）

製造自体は認められているものの、あらかじめ厚生労働大臣の製造許可を得ることが必要とされている危険物質もあります。具体的には、ジクロルベンジジンやジクロルベンジジンを含有する製剤などで、他に該当する危険物質については政令（労働安全衛生法施行令）によって規定されています。これらの危険物質の製造許可を得るためには、製造設備や作業方法などが厚生労働大臣の定める基準を満たしていることが必要です。

●表示義務（57条）

上記の製造許可が必要な物質、爆発・発火・引火のおそれがある物質、健康を害するおそれがある物質（ベンゼンなど）を、他人に譲渡または提供する場合は、物質の危険性を知らせるために、容器または包装に表示をすることが必要です。表示すべき内容は、その物質の名称、人体に及ぼす作用、貯蔵・取扱上の注意、注意喚起語などです。

なお、主として一般消費者の生活の用に供されるものは表示義務の対象外とされます。たとえば、①医薬品医療機器等法（旧薬事法）における医薬品・医薬部外品・化粧品、②農薬取締法における農薬、③取扱い途中で固体以外に変化せず、細状や粒状とならない製品、④密封状態の製品などがあります。

●新規化学物質を製造・輸入する際の届出（57条の4）

既存のものでない新しい化学物質（新規化学物質）を製造また

は輸入する場合には、あらかじめその新規化学物質が労働者の健康に与える影響を調査すること（有害性の調査）が義務付けられています。労働者への影響を知ることで、事故が起こったときの適切な対策が可能になり、労働者の安全や健康を守ることにつながります。また、厚生労働大臣に新規化学物質の名称や有害性調査の結果などの届出を行う必要があります。

●危険物質を取り扱う際の禁止事項

　製造業や建設業の現場では、業務の特性上、重大な事故を引き起こす危険性の高いものが多く取り扱われます。事業者は、このような対象物を取り扱う際には、労働者を守るための安全に対する措置を取ることが必要です（労働安全衛生規則256条）。

　たとえば、ニトログリコール、トリニトロベンゼン、過酢酸、アジ化ナトリウムなど爆発するおそれがある物は、火気などに接近させ、加熱、摩擦、衝撃を与えることが禁止されています。

　また、発火するおそれがある物については、火気などを接近させ、酸化を促進するものや水に触れさせ、加熱し、衝撃を与える

■ 危険物に対する規制

爆発性の物	みだりに、火気など点火源となるおそれのあるものに接近・加熱・摩擦・衝撃付与をしない
発火性の物	それぞれの種類に応じ、みだりに火気など点火源となるおそれのあるものに接近させない。酸化をうながす物や水に接触させない。加熱せず、衝撃を与えない。
酸化性の物	みだりに、その分解がうながされるおそれのある物に接触・加熱・摩擦・衝撃を与えない
引火性の物	みだりに、火気など点火源となるおそれのあるものに接近させたり、注いだりしない。蒸発させたり、加熱したりしない

第3章 ● 危険防止のための措置と対策

ことが禁止されています。具体例としては、カーバイドと呼ばれる炭化カルシウム、ハイドロサルファイトと呼ばれる亜ニチオン酸ナトリウム、マグネシウム粉などが該当します。

さらに、塩素酸カリウム、過塩素酸ナトリウム、過酸化バリウム、硝酸アンモニウムといった酸化性の物については、その物質の分解が促されるおそれのあるものに接触させ、加熱し、衝撃を与えることが禁止されています。

そして、ガソリン、灯油、軽油などの引火するおそれのある物については、これらが大規模火災を引き起こす可能性があるため、火気などに接近させたり注いだりすることや、蒸発させ、加熱することが禁止されています。

■ **作業指揮者の職務内容**

作業指揮者の職務内容	
危険物の製造や取扱いを行う設備・附属設備の点検 異常が認められた場合→直ちに必要な措置を講じる	→
危険物の製造や取扱いを行う設備・附属設備がある場所の温度・湿度・遮光・換気状態の点検 異常が認められた場合→直ちに必要な措置を講じる	→ 措置内容の記録
危険物の取扱い状況の点検 異常が認められた場合→直ちに必要な措置を講じる	→
労働者に対する消火設備の設置場所・使用方法の周知徹底	
作業状況の監視 異常が認められた場合→直ちに必要な措置を講じる	
作業終了後の火元確認	

第4章

安全衛生教育

 **なぜ安全衛生教育をするのでしょうか。**

 労働者に起因する事故発生を防ぐため、事業者は安全衛生教育を行う義務があります。

　事業場には、重大な事故につながる可能性をもつ様々な危険が潜んでいます。たとえば、作業に必要な機器類が故障している場合や乱雑に散らかっている場合、換気の設備が不十分な場合など「作業現場の環境に不備があること」がそのひとつです。一方、人体に有害な薬品を取り違えた場合、重機の操作を誤った場合など「労働者のわずかな気の緩み、ささいな手違い、知識のなさ」が事故を引き起こす原因となるケースもあります。

　このような原因から事業場で起こる事故を防ぎ、安全な労働環境を確保するためには、機器類に十分なメンテナンスを施し、作業場の環境を整えるといったハード面の対応に加え、労働者に対して注意喚起を行う、作業に関する訓練をする、必要な知識を提供するといったソフト面の対応が不可欠だといえるでしょう。作業に関する技術の進展が目覚ましい昨今においては、労働者が従事する作業内容は徐々に軟化傾向にあることから、事故の原因として労働者の適切な知識の不足や、十分な経験の不足に起因することが少なくありません。

　上記のような状況をふまえ、労働安全衛生法では、事業者が労働者に対して一定の安全衛生教育を行わなければならないことを規定しています。事業者に対して安全衛生教育の実施を義務付け

ているタイミングには、様々な時期があり、主に次のような場合に行うことが義務付けられています。
① 労働者を雇い入れたとき（59条1項）
② 労働者の作業内容を変更したとき（59条2項）
③ 危険または有害な業務に就かせるとき（59条3項）
④ 政令で定める業種において新たに職長等の職務につくとき（60条1項）

この他、義務とはされていませんが、事業場での安全衛生の水準の向上を図るため、危険・有害業務に従事している労働者に対する安全衛生教育に努めることなどを求めています（60条の2）。

なお、労働者に対する安全衛生教育は、必ずしも当該事業者内部のみで行わなければならないものではありません。場合によっては、各労働災害防止団体が主催するセミナー等を受講するということも有用です。

■ 安全衛生教育の種類と概要

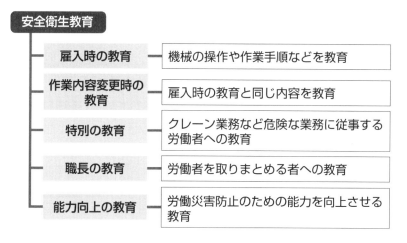

雇入時や作業内容を変更したときの教育について教えてください。

業種によって教育しなければならない項目が違います。

業務に関する知識のない労働者や、作業現場に不慣れな労働者がいると、事故発生の確率が高くなります。このため、事業者は、労働者の雇入時や作業内容の変更時に、以下の安全衛生教育をする必要があります（労働安全衛生規則35条1項）。

① 機械等・原材料等の危険性・有害性および取扱方法
② 安全装置・有害物抑制装置・保護具の性能および取扱方法
③ 作業手順
④ 作業開始時の点検
⑤ 当該業務に関して発生のおそれがある疾病の原因・予防
⑥ 整理、整頓および清潔の保持
⑦ 事故時等における応急措置および退避
⑧ その他当該業務に関する安全・衛生のための必要事項

労働安全衛生法施行令2条3号に掲げる業種、つまり安全管理者の選任を必要とする業種（40ページ図）以外の業種では、①～④の教育を省略することができます。雇入時・作業内容変更時の教育を怠った場合、事業者には50万円以下の罰金が科せられます（120条、122条）。なお、特別の教育や職長の教育などを含めた安全衛生教育を、社外の研修や講習という形で行う場合の参加費や旅費については、事業者の負担となります。

危険または有害な業務に労働者を就かせるときの教育について教えてください。

 指定された業務について、事業者は労働者に対し特別教育を行わなければなりません。

　プレス機械、クレーン、エックス線装置など、取扱いに特別な知識や技術が必要で、ひとつ間違えば重大な事故につながりかねない危険または有害な業務に労働者を就かせる場合、事業者はその労働者に対し特別教育を行わなければなりません（59条3項）。

　特別教育が必要な業務は、労働安全衛生規則36条で指定されています。東日本大震災で生じた放射性物質の除染業務が追加されるなど、その時々に応じて業務の追加・削除が行われています。

　特別教育の内容は、個々の業務ごとに定められた規則などで規定されています。たとえば、エックス線装置またはガンマ線照射装置を用いて行う透過写真の撮影の業務に労働者を就かせる場合は、①透過写真の撮影の作業の方法、②エックス線装置またはガンマ線照射装置の構造および取扱いの方法、③電離放射線の生体に与える影響、④関係法令を特別教育として行わなければなりません（電離放射線障害防止規則52条の5）。

　ただし、特別教育の科目について十分な知識や技能を有している労働者については、当該科目の特別教育を省略することができます。また、特別教育を怠った場合は、6か月以下の懲役または50万円以下の罰金が科せられます（119条、122条）。

Question 4 職長等などを対象にした安全衛生教育について教えてください。

Answer 作業方法の決定方法や労働者の配置、労働者に対する指導・監督の方法などを学びます。

　労働安全衛生法60条は、一定の業種（下図参照）に該当する事業場で新たに職務に就くこととなった職長等（職長・係長・班長など）に対し、事業者が安全衛生教育（職長教育）を行うことを義務付けています。

　職長教育の内容は、作業方法の決定の仕方や、労働者の配置に関すること、労働者に対する指導・監督の方法などです。

　教育時間数については、作業手順の定め方や労働者の適正な配置の方法は2時間以上、指導および教育の方法や作業中における監督および指示の方法は2.5時間以上などと細かく規定されています。なお、職長教育の科目について十分な知識や技能を有している労働者には、当該科目の教育の省略ができます。

■ 職長教育

職長等

【一定の業種】
①建設業、②製造業・紙加工品製造業・新聞業・出版業・製本業、③電気業、④ガス業、⑤自動車整備業、⑥機械修理業

職長教育
①作業方法の決定・労働者の配置、②労働者への指導・監督方法、③危険性・有害性の調査および結果に対する措置、④異常時の措置
⑤その他労働災害防止にまつわる活動

 能力向上教育について教えてください。

 技術革新の進展などの社会情勢に対応した教育の継続が必要です。

　作業現場に設置されている機械や薬品類等は、日々進化しています。また、入職当時に十分な教育を受けていても、数年たつとその知識は劣化する可能性があります。このため、労働安全衛生法19条の2および「労働災害の防止のための業務に従事する者に対する能力向上教育に関する指針」では、事業者が「安全管理者、衛生管理者、安全衛生推進者、衛生推進者」および「その他労働災害の防止のための業務に従事する者」（作業主任者、元方安全衛生管理者、店社安全衛生管理者、その他の安全衛生業務従事者）に対し、能力向上を図るための教育や講習等（能力向上教育）を行い、またはこれを受ける機会を与えるように努めるものとしています。

　能力向上教育は原則として就業時間内に1日程度で実施されます。能力向上教育の種類には、以下のものがあります。
① 初任時教育（初めて業務に従事する際に実施）
② 定期教育（業務の従事後、一定期間ごとに実施）
③ 随時教育（事業場において機械設備等に大幅な変更があった時に実施）

　能力向上教育では、安全管理者や衛生管理者など、主に管理者を対象とした教育を行うよう求めていますが、さらに安全性を高

めるためには、実際に現場で作業する労働者についても同様に能力の向上を図る必要があります。このため、労働安全衛生法60条の2では、事業者が「現に危険又は有害な業務に就いている者」に対し、その従事する業務に関する安全衛生教育を行うように努めるものとしています。「危険又は有害な業務に現に就いている者に対する安全衛生教育に関する指針」によると、教育内容は労働災害の動向、技術革新の進展等に対応した事項に沿うものとされており、危険・有害業務ごとにカリキュラムが示されています。

●安全衛生教育は労働時間にあたるのか

通達（昭和47年9月18日基発第602号）では、「安全衛生教育は、労働者がその業務に従事する場合の労働災害の防止をはかるため、事業者の責任において実施されなければならないものであり、安全衛生教育については所定労働時間内に行うのを原則とする」ことと、「安全衛生教育の実施に要する時間は労働時間と解されるので、当該教育が法定時間外に行われた場合には、当然割増賃金が支払われなければならない」ことが示されています。

つまり、安全衛生教育にかかる時間や費用を負担するのは原則として事業者であるということです。

■ 能力向上教育

【対象者】
①安全管理者、②衛生管理者、③安全衛生推進者、④衛生推進者、⑤その他労働災害の防止のための業務に従事する者

能力向上を図るための教育や必要な講習

能力向上教育
- 初任時教育（初めて業務に従事する際に実施）
- 定期教育（業務の従事後、一定期間ごとに実施）
- 随時教育（事業場において機械設備等に大幅な変更があった時に実施）

136

建設業における安全衛生責任者への安全衛生教育とはどのように行えばよいのでしょうか。

通達に基づいて安全衛生教育を行うことが求められています。

　建設工事の現場は、巨大な重機や高所での作業、火気の取扱いなどが多く、重大事故が起こりやすい環境にあります。また、事業者ごとの安全管理体制が徹底される必要があることはもちろんですが、複数の事業者が混在する現場においては、統括的な視点から安全管理体制を統一する必要があります。特に安全面を十分に確保するには現場監督など管理者の職務が非常に重要です。

　このため、厚生労働省労働基準局長より「建設業における安全衛生責任者に対する安全衛生教育の推進について」（平成12年3月28日基発第179号）という通達が出されています。この通達によると、対象者となるのは建設業において、安全衛生責任者として選任されて間もない者、新たに選任された者、将来選任される予定の者等です。

　具体的な教育内容については「職長・安全衛生責任者教育カリキュラム」によって、以下の科目が設定されています。
① 作業方法の決定および労働者の配置（2時間）
② 労働者に対する指導または監督の方法（2.5時間）
③ 危険性または有害性等の調査およびその結果に基づき講ずる措置（4時間）
④ 異常時等における措置（1.5時間）

⑤　その他現場監督者として行うべき労働災害防止活動（2時間）
⑥　安全衛生責任者の職務等（1時間）
⑦　統括安全衛生管理の進め方（1時間）

　また、建設工事に従事する労働者に対して十分な安全衛生教育を行うよう建設業労働災害防止協会より「建設工事に従事する労働者に対する安全衛生教育に関する指針」が発表されています。

　なお、安全衛生教育の実施主体として、事業者が安全衛生団体等に委託した場合、安全衛生団体等は、修了者に対して修了証を書面で交付するとともに、教育修了者名簿を作成・保管することが求められます。

■ 建設業における安全衛生教育の必要性

重大な事故の危険性
　巨大な重機や高所での作業、火気の取扱いが多い
安全面の確保の必要性
　複数の事業者が同じ現場で作業にあたるケースが多い

建設業における安全衛生責任者に対する安全衛生教育の推進について

【教育の対象者】
　建設業での安全衛生責任者として、①選任されて間もない者、②新たに選任された者、③将来選任される予定の者
【教育の内容】
　「職長・安全衛生責任者教育カリキュラム」による

クレーン運転業務・移動式クレーン運転業務に関する安全のための特別教育について教えてください。

一定の運転業務の場合に学科と実技の特別教育を受ける必要があります。

　事業者は、つり上げ荷重が5ｔ未満のクレーンの運転業務、またはつり上げ荷重が5ｔ以上の跨線テルハの運転業務に労働者を就かせるときは、その労働者に対して、以下の特別教育（クレーンの運転の業務に係る特別の教育）を行う必要があります（クレーン等安全規則21条）
① 学科教育：クレーンに関する知識（3時間）、原動機および電気に関する知識（3時間）、クレーンの運転のために必要な力学に関する知識（2時間）、関係法令（1時間）
② 実技教育：クレーンの運転（3時間）、クレーンの運転のための合図（1時間）

　ただし、つり上げ荷重が5ｔ以上のクレーン（跨線テルハを除く）の運転業務は、原則として「クレーン・デリック運転士免許」を取得した労働者に就かせることが必要ですので（クレーン等安全規則22条）、上記の特別教育によっては当該運転業務に就かせることができません。

　また、事業者は、つり上げ荷重が1ｔ未満の移動式クレーンの運転業務に労働者を就かせる際は、その労働者に対して、以下の特別教育（移動式クレーンの運転の業務に係る特別の教育）を行う必要があります（クレーン等安全規則67条）。

第4章 ● 安全衛生教育　139

① 学科教育：移動式クレーンに関する知識（3時間）、原動機および電気に関する知識（3時間）、移動式クレーンの運転のために必要な力学に関する知識（2時間）、関係法令（1時間）
② 実技教育：移動式クレーンの運転（3時間）、移動式クレーンの運転のための合図（1時間）

　ただし、つり上げ荷重が1t以上の移動式クレーン（道路上を走行させる運転を除く）の運転業務は、原則として「移動式クレーン運転士免許」を取得した労働者に就かせることが必要ですので（クレーン等安全規則68条）、上記の特別教育によっては当該運転業務に就かせることができません。

　なお、事業者は、特別教育の科目の全部または一部について十分な知識・技能を有している労働者については、当該科目に関する特別教育の省略ができます（労働安全衛生規則37条）。また、特別教育の受講者・科目等の記録を作成し、3年間保存しなければなりません（労働安全衛生規則38条）。これらの点は後述する特別教育についても同様です。

■ 安全のための特別教育が必要な業務

業務内容	対象者
クレーン運転業務	・つり上げ荷重が5t未満のクレーンの運転の業務 ・つり上げ荷重が5t以上の跨線テルハ（クレーンの一種で、鉄道において車などをつりあげ、線路を越えて運搬するもの）の運転の業務
移動式クレーン運転業務	つり上げ荷重が1t未満の移動式クレーンの運転の業務
デリックの運転業務	つり上げ荷重が5t未満のデリックの運転の業務
建設用リフトの運転業務	建設用リフトの運転の業務
玉掛けの業務	つり上げ荷重が1t未満のクレーン、移動式クレーン、デリックの玉掛けの業務

 **デリックや建設用リフトの運転業務についての特別教育について教えてください。**

 5t未満のデリックの運転業務に就かせる場合に特別教育が必要です。

　事業者は、つり上げ荷重が5t未満のデリックの運転業務に労働者を就かせるときは、以下の特別教育（デリックの運転の業務に係る特別の教育）を行う必要があります。ただし、つり上げ荷重が5t以上のデリックの運転業務は「クレーン・デリック運転士免許」が必要です（クレーン等安全規則107～108条）。

① 学科教育：デリックに関する知識（3時間）、原動機・電気に関する知識（3時間）、デリックの運転のために必要な力学に関する知識（2時間）、関係法令（1時間）
② 実技教育：デリックの運転（3時間）、デリックの運転のための合図（1時間）

　また、建設用リフトの運転業務に労働者を就かせるときは、以下の特別教育（建設用リフトの運転の業務に係る特別の教育）を行う必要があります（クレーン等安全規則183条）。

① 学科教育：建設用リフトに関する知識（2時間）、建設用リフトの運転のために必要な電気に関する知識（2時間）、関係法令（1時間）
② 実技教育：建設用リフトの運転および点検（3時間）、建設用リフトの運転のための合図（1時間）

 玉掛けの業務についての特別教育について教えてください。

 1t未満の玉掛けの業務については、学科と実技の特別教育があります。

　事業者は、つり上げ荷重が1t未満のクレーン、移動式クレーン、デリックの玉掛けの業務に労働者を就かせるときは、以下の特別教育（玉掛けの業務に係る特別の教育）を行う必要があります（クレーン等安全規則222条）。

① 　学科教育：クレーン等（クレーン・移動式クレーン・デリック）に関する知識（1時間）、クレーン等の玉掛けに必要な力学に関する知識（1時間）、クレーン等の玉掛けの方法（2時間）、関係法令（1時間）

② 　実技教育：クレーン等の玉掛け（3時間）、クレーン等の運転のための合図（1時間）

　これに対し、つり上げ荷重が1t以上のクレーン、移動式クレーン、デリックの玉掛けの業務は、以下のいずれかの資格が必要ですので（クレーン等安全規則221条）、上記の特別教育によっては当該業務に就かせることができません。

① 　玉掛け技能講習を修了した者

② 　職業能力開発促進法に基づく普通職業訓練のうち、玉掛け科の訓練（通信の方法によって行うものを除く）を修了した者

③ 　その他厚生労働大臣が定める者

小型ボイラーを取り扱う業務の特別教育について教えてください。

小型ボイラー取扱業務特別教育規程に沿って、学科と実技の特別教育が行われます。

　ボイラーは、その規模の違いにより「ボイラー」と「小型ボイラー」に区別されています。これらの区別は労働安全衛生法施行令に規定が置かれています。

　労働安全衛生法施行令1条3号が規定する「ボイラー」とは、蒸気ボイラーおよび温水ボイラーのうち、たとえば「ゲージ圧力0.1メガパスカル以下で使用する蒸気ボイラーで、伝熱面積が0.5㎡以下のもの」など、同条号で列挙されている各種ボイラーを除外したものを指します。

　これに対し、労働安全衛生法施行令1条4号が規定する「小型ボイラー」とは、たとえば「ゲージ圧力0.1メガパスカル以下で使用する蒸気ボイラーで、伝熱面積が1㎡以下のもの」など、同条号で列挙している各種ボイラーを指します。

　事業者は、小型ボイラーの取扱いの業務に労働者を就かせるときは、その労働者に対して特別教育を行う必要があります（ボイラー及び圧力容器安全規則92条）。特別教育の内容については「小型ボイラー取扱業務特別教育規程」に規定されています。

　特別教育のうち、学科教育の内容は以下の通りです。
① 　ボイラーの構造に関する知識（熱と蒸気・小型ボイラーの種類・主要部分の構造）について2時間

② ボイラーの附属品に関する知識(安全装置・圧力計・水面測定装置・給水装置・吹出装置・自動制御装置)について2時間
③ 燃料と燃焼に関する知識(燃料の種類・燃焼方式と燃焼装置・通風装置)について2時間
④ 関係法令(労働安全衛生法・労働安全衛生法施行令・労働安全衛生規則・ボイラー及び圧力容器安全規則中の関係条項)について1時間

一方、特別教育のうち、実技教育の内容は以下の通りです。

⑤ 小型ボイラーの運転と保守(点火と燃焼の調整・運転中の留意事項・吹出し・運転の停止と停止後の処置)について3時間
⑥ 小型ボイラーの点検(運転開始前の点検・使用中における異常状態とこれに対する処置の方法・清掃の方法)について1時間

前述のように(140ページ)、事業者は、特別教育の科目の全部または一部について十分な知識・技能を有する労働者については、当該科目に関する特別教育の省略ができます(労働安全衛生規則37条)。また、特別教育の受講者・科目等の記録を作成し、3年間保存しなければなりません(労働安全衛生規則38条)。

■ 小型ボイラーとは

小型ボイラー	ゲージ圧力0.1MPa以下で使用する蒸気ボイラーで、伝熱面積1m²以下のもの
	ゲージ圧力0.1MPa以下で使用する蒸気ボイラーで、胴内径が300mm以下・長さ600mm以下のもの
	伝熱面積が3.5m²以下の蒸気ボイラーで、開放内径25mm以上の蒸気管を取り付けたもの
	伝熱面積が3.5m²以下で使用する蒸気ボイラーで、ゲージ圧力0.05MPa以下・内径25mm以上のU形立管を取り付けたもの
	ゲージ圧力0.1MPa以下の温水ボイラーで、伝熱面積8m²以下のもの
	ゲージ圧力0.2MPa以下の温水ボイラーで、伝熱面積2m²以下のもの
	ゲージ圧力1MPa以下で使用する貫流ボイラーで、伝熱面積10m²以下のもの

高気圧業務、放射線業務、酸素欠乏危険作業の特別教育について教えてください。

それぞれ特別教育を一定時間受ける必要があります。

　高気圧業務には「高圧室内業務」と「潜水業務」があります。事業者は、高圧室内業務に労働者を就かせるときは、その労働者に対して特別教育（高圧室内業務に係る特別教育）を行う必要があります（高気圧作業安全衛生規則11条）。
① 圧気工法の知識（1時間）
② 圧気工法に係る設備（1時間）
③ 急激な圧力低下、火災等の防止（3時間）
④ 高気圧障害の知識（1時間）
⑤ 関係法令（1時間）
　これに対し、潜水業務は「潜水士免許」を受けた労働者を就かせなければなりません（高気圧作業安全衛生規則12条）。

●放射線業務の特別教育
　事業者は、加工施設等（加工施設、再処理施設、使用施設等）の管理区域内において、核燃料物質等（核燃料物質、使用済燃料またはこれらによって汚染された物）の取扱業務に労働者を就かせるときは、その労働者に対して以下の特別教育（加工施設等において核燃料物質等を取り扱う業務に係る特別の教育）を行う必要があります（電離放射線障害防止規則52条の6）。
① 核燃料物質等に関する知識（1時間）

② 加工施設等における作業の方法に関する知識（4時間30分）
③ 加工施設等の設備の構造と取扱いの方法に関する知識（4時間30分）
④ 電離放射線の生体に与える影響（30分）
⑤ 関係法令（1時間）
⑥ 加工施設等における作業の方法と施設の設備の取扱い（6時間）

　また、原子炉施設の管理区域内において、核燃料物質等の取扱業務に労働者を就かせるときは、その労働者に対して以下の特別教育（原子炉施設において核燃料物質等を取り扱う業務に係る特別の教育）を行う必要があります（電離放射線障害防止規則52条の7）。
① 核燃料物質等に関する知識（30分）
② 原子炉施設における作業の方法に関する知識（1時間30分）
③ 原子炉施設の設備の構造と取扱いの方法に関する知識（1時間30分）
④ 電離放射線の生体に与える影響（30分）
⑤ 関係法令（1時間）
⑥ 原子炉施設における作業の方法と同施設に係る設備の取扱い（2時間）

●酸素欠乏危険作業の特別教育
　酵素欠乏とは、空気中の酸素濃度が18％未満である状態のことです。酸素欠乏の空気を吸入することにより酸素欠乏症が発症することを防ぐため、作業方法の確立、作業環境の整備その他必要な措置を講ずるように努める必要があります。
　酸素欠乏症になる危険性のある作業には「第一種酸素欠乏危険作業」と「第二種酸素欠乏危険作業」があります。第二種酸素欠乏危険作業とは、酸素欠乏症に加えて硫化水素中毒になるおそれもある場所における作業です。一方、第一種酸素欠乏危険作業と

は、第二種酸素欠乏危険作業を除いた酸素欠乏危険作業です。

　事業者は、酸素欠乏危険作業に労働者を就かせるときは、その労働者に対して以下の特別教育（酸素欠乏危険作業に係る特別教育）を行う必要があります（酸素欠乏症等防止規則12条）。

① 酸素欠乏の発生の原因について、第一種酸素欠乏危険作業は30分、第二種酸素欠乏危険作業は１時間
② 酸素欠乏症の症状について、第一種酸素欠乏危険作業は30分、第二種酸素欠乏危険作業は１時間
③ 空気呼吸器等の使用の方法について、第一種酸素欠乏危険作業・第二種酸素欠乏危険作業ともに１時間
④ 事故の場合の退避と救急蘇生の方法について、第一種酸素欠乏危険作業・第二種酸素欠乏危険作業ともに１時間
⑤ その他酸素欠乏症の防止に関し必要な事項について、第一種酸素欠乏危険作業は１時間、第二種酸素欠乏危険作業は１時間30分

■ 特別教育が必要とされる業務

業務内容	対象者	規定内容
高圧室内業務	圧気工法により大気圧を超える気圧下における作業室またはシャフト内部での作業に係る業務	高気圧業務特別教育規程
放射線業務	・加工施設等において核燃料物質等を取り扱う業務 ・原子炉施設において核燃料物質等を取り扱う業務	核燃料物質等取扱業務特別教育規程
酸素欠乏危険作業	第一種酸素欠乏危険作業・第二種酸素欠乏危険作業にあたる酸素欠乏危険作業にあたる業務	酸素欠乏危険作業特別教育規程

第４章 ● 安全衛生教育

粉じん作業の特別教育について教えてください。

災害防止対策に加え、実際の災害発生時の対策も求められています。

　事業者は、常時粉じんに関わる作業に労働者を就かせるときは、その労働者に対して下図の特別教育を行う必要があります（粉じん障害防止規則22条）。特別教育の内容については「粉じん作業特別教育規程」に規定されています。

■ 粉じん作業における特別教育内容

粉じんの発散防止と作業場の換気の方法（1時間）
粉じんの発散防止対策の種類と概要、換気の種類と概要

▼

作業場の管理（1時間）
粉じんの発散防止対策に関する設備と換気のための設備の
保守点検の方法、作業環境の点検の方法、清掃の方法

▼

呼吸用保護具の使用の方法（30分）
呼吸用保護具の種類・性能・使用方法・管理

▼

粉じんに関する疾病と健康管理（1時間）
粉じんの有害性、粉じんによる疾病の病理と症状、健康管理の方法

▼

関係法令（1時間）
労働安全衛生法、労働安全衛生法施行令、労働安全衛生規則、
粉じん障害防止規則、じん肺法、じん肺法施行規則中の関係条項

 石綿取扱業務の特別教育について教えてください。

 石綿が使用された建築物の解体作業等に労働者を従事させる場合に特別教育が必要です。

　事業者は、石綿等が使用されている建築物等（建築物・工作物・船舶）の解体等の作業や、石綿等の封じ込め・囲い込みの作業に労働者を就かせるときは、その労働者に対して特別教育を行う必要があります（石綿障害予防規則27条）。特別教育の内容は「石綿使用建築物等解体等業務特別教育規程」に規定されています。具体的な教育内容は以下の通りです。

① 石綿の有害性（石綿の性状、石綿による疾病の病理と症状、喫煙の影響）について30分
② 石綿等の使用状況（石綿を含有する製品の種類と用途、事前調査の方法）について1時間
③ 石綿等の粉じんの発散抑制措置（建築物等の解体等の作業の方法、湿潤化の方法、作業場所の隔離の方法、その他石綿等の粉じんの発散抑制措置について必要な事項）について1時間
④ 保護具の使用方法（保護具の種類・性能・使用方法・管理）について1時間
⑤ その他石綿等のばく露の防止に関し必要な事項（法令中の関係条項、石綿等による健康障害を防止するため当該業務について必要な事項）について1時間

 **工事用エレベーターの作業者への安全教育について教えてください。**

 組立・解体等作業に関する基礎知識や作業手順等に関する教育を行うことが必要です。

　最近の工事用エレベーターは建築物の高層化に伴い大型化・高速化が進み、その種類や形式も多様化しています。「工事用エレベーター組立・解体等作業指揮者安全教育実施要領」では、工事用エレベーターの組立・解体等作業を指揮するものとして選任された労働者（作業指揮者）などに対して、以下の事項を教育することを求めています。具体的な教育内容は以下の通りです。

① 工事用エレベーターの組立・解体等作業指揮者の職務（工事用エレベーターの組立・解体等作業における災害発生状況と問題点、作業指揮者の選任とその職務）について30分
② 工事用エレベーターの組立・解体等作業に関する基礎知識（工事用エレベーターの機種や構造等、組立・解体等作業に使用する機材等、組立・解体等作業の事前準備等、組立・解体等作業時の共通的安全対策）について1時間
③ 工事用エレベーターの組立・解体等安全作業手順（作業手順作成の条件、組立・解体等安全作業事前チェックシート、組立・解体等安全作業手順）について5時間
④ 関係法令（労働安全衛生法・労働安全衛生法施行令・労働安全衛生規則・クレーン等安全規則の関係条項）について30分

 振動工具取扱作業者への安全教育について教えてください。

 振動工具に関する知識や発生し得る障害とその予防に関する教育が必要です。

　振動工具は、大きな振動を伴う工具のことで、ピストン状のものや回転するもの、往復するものなど、工具の形や動作は様々です。長時間使用を続けると、手や腕の血行が悪くなり、痛みや痺れを伴うなどの振動障害を発症するおそれがあります。

　そこで、「チェーンソー以外の振動工具取扱者に対する振動障害防止のための安全衛生教育実施要綱」により、チェーンソー以外の振動工具（ハンドブレーカ、インパクトレチなど）を取り扱う業務（振動業務）に労働者を就かせ、または労働者の取り扱う工具の種類を変更した際に、その労働者に対して以下の事項を教育する必要があるとしています。

① 振動工具に関する知識（振動工具の種類と構造、振動工具の選定方法、振動工具の改善）について１時間
② 振動障害およびその予防に関する知識（振動障害の原因と症状、振動障害の予防措置）について２時間30分
③ 関係法令等（労働安全衛生法・労働安全衛生法施行令中の関係条項と関係通達中の関係事項等）について30分

　また、携帯用丸のこ盤は、携帯性と使用しやすさから、建設業を中心に広く使用されていますが、死亡事例を含む労働災害が後を絶ちません。しかも、携帯用丸のこ盤の危険性を十分に理解し

ていないことや、使用方法の誤りが労働災害の原因であることがほとんどであるため、労働者が携帯用丸のこ盤の正しい知識・技能を修得することが不可欠です。そこで、「建設業等において『携帯用丸のこ盤』を使用する作業に従事する者に対する安全教育実施要領」により、携帯用丸のこ盤を使用して行う作業に従事する労働者に対して、以下の教育を行う必要があるとしています。

① 携帯用丸のこ盤に関する知識（携帯用丸のこ盤の構造と機能等、作業の種類に応じた機器と歯の選定）について30分
② 携帯用丸のこ盤を使用する作業に関する知識（作業計画の作成等、作業の手順、作業時の基本動作）について1時間30分
③ 安全な作業方法に関する知識（災害事例と再発防止対策について、使用時の問題点と改善点）について30分
④ 携帯用丸のこ盤の点検と整備に関する知識（携帯用丸のこ盤と歯の点検・整備の方法、点検結果の記録）について30分
⑤ 関係法令（労働安全衛生関係法令中の関係条項等）について30分
⑥ 携帯用丸のこ盤の正しい取扱方法（携帯用丸のこ盤の正しい取扱方法、安全装置の作動状況の確認）について30分

■ **安全衛生のための特別教育に準じた教育が必要な業務** ………

業務内容	対象者	規定内容
工事用エレベーターの作業	工事用エレベーターの組立や解体などの作業指揮者の業務に従事する者	工事用エレベーター組立・解体等作業指揮者安全教育実施要領
振動工具取扱業務	チェーンソー以外の振動工具を取り扱う業務に従事する者	チェーンソー以外の振動工具取扱者に対する振動障害防止のための安全衛生教育実施要綱
携帯用丸のこ盤を使用した作業	携帯用丸のこ盤を使用した作業に従事する者	建設業等において「携帯用丸のこ盤」を使用する作業に従事する者に対する安全教育実施要領

 就業制限のある業務について教えてください。

 重大な事故となる危険が高い業務に就くためには、免許等が必要です。

　労働者が従事する業務の中には、クレーンやフォークリフトの運転業務、ボイラーを取り扱う業務など、重大な事故を引き起こす危険性の高いものがあります。労働安全衛生法61条・労働安全衛生法施行令20条では、これらの業務に就く労働者を制限する定めを設けています（就業制限）。どのような労働者が就業可能なのかは、業務により異なりますが、以下のように分類されます。
① 都道府県労働局の免許を受けた者
② 登録教習機関（都道府県労働局長の登録を受けた者）が行う技能講習を修了した者
③ 厚生労働省令で定める一定の資格を持っている者

　①の免許が必要な業務の代表的なものとして、クレーン運転業務があります。クレーンは動力で重い荷物をつり上げ、水平に移動させる機械です。一定のつり上げ荷重以上のクレーンによって引き起こされる事故は重大なものとなる危険性が高いため、免許を取得していない者はその業務に就くことができません。

　免許取得の必要がないと認められる業務の場合は、②の技能講習を修了することで就業可能です。クレーンの運転についても比較的安全とされる床上操作式クレーンの運転業務は「床上操作式クレーン運転技能講習」、1ｔ以上5ｔ未満の荷物をつり上げる

移動式クレーンの運転業務は「小型移動式クレーン運転技能講習」を修了することで、それらの業務に就くことができます。

なお、①〜③のいずれにも該当しない者であっても、例外的な措置があります。具体的には、職業能力開発促進法に基づく都道府県知事の認定を受けた職業訓練を修了した者が、就業制限に係る業務に就くことが認められる場合があります（61条4項）。

■ 就業制限のある業務

就業制限のある業務の例

- 発破の場合におけるせん孔、装てん、結線、点火および不発の装薬、残薬の点検、処理の業務
- 制限荷重が5t以上の揚貨装置の運転の業務
- ボイラー（小型ボイラーを除く）の取扱いの業務
- つり上げ荷重が5t以上のクレーン（跨線テルハを除く）の運転の業務
- つり上げ荷重が1t以上の移動式クレーンの運転の業務 ※
- つり上げ荷重が5t以上のデリックの運転の業務
- 可燃性ガスや酸素を用いて行う金属の溶接、溶断、加熱の業務
- 最大積載量が1t以上の不整地運搬車の運転の業務 ※
- 作業床の高さが10m以上の高所作業車の運転の業務 ※

※ 道路上を走行させる業務は除きます。

免許や技能講習

- クレーン運転業務
  - クレーン・デリック運転士免許
  - 移動式クレーン運転士免許
  - 床上操作式クレーン運転技能講習修了　など
- ボイラー取扱業務
  - ボイラー技士免許（特級・1級・2級）
  - ボイラー取扱技能講習修了　など
- 車両系建設機械の運転業務
  - 車両系建設機械（整地・運搬・積込み用および掘削用）運転技能講習修了
  - 車両系建設機械（基礎工事用）運転技能講習修了　など

第5章

メンタルヘルスと安全管理

 職場のメンタルヘルス対策はどのように行えばよいのでしょうか。

 現状の問題点・状況・ポイントを把握した上で計画を立てることが重要です。

　事業者がメンタルヘルスの問題に取り組む際には、何をどのように進めていくのか、どの範囲まで事業者が関わる必要があるのかといったことが問題になります。事業場（職場）内で起こる突発的な事故や腰痛をはじめとする職業病など、身体的なケガや病気と異なり、メンタルヘルスは発症の原因が多岐にわたるため、明確な対策が立てにくいという特徴があります。

　そのような現状をふまえ、厚生労働省は「労働者の心の健康の保持増進のための指針」を策定して、メンタルヘルスケアを継続的・計画的に行う際には、各事業場における労働安全衛生に関する計画の中に、事業場ごとの実態を考慮して策定した「心の健康づくり計画」を位置付けることが望ましいとしています。

　「心の健康づくり計画」で定めるべき事項としては、以下のような項目が挙げられています。

① 事業者がメンタルヘルスケアを積極的に推進する旨の表明
② 事業場における心の健康づくりの体制の整備
③ 事業場における問題点の把握とメンタルヘルスケアの実施
④ メンタルヘルスケアを行うために必要な人材の確保と事業場外資源の活用
⑤ 労働者の健康情報の保護

⑥　心の健康づくり計画の実施状況の評価および計画の見直し
⑦　その他労働者の心の健康づくりに必要な措置

●現状を正確に把握することが重要

　以上の項目を見ると、計画の内容はどんな事業場でも大差ないようにも思われるかもしれませんが、そうではありません。一口にメンタルヘルスといっても、各事業場が問題視しているポイントはそれぞれ違います。

　たとえば、外部との接触が少なくストレスがたまりやすい事業場では、ストレス軽減のための予防対策に重点を置くことになると思われますし、すでに心の健康を害して休職中の労働者が多く出ている事業場では、予防だけでなく復職後の対応が問題になるという具合です。「心の健康づくり計画」を立てる際は、何よりも事業場の現状を正確に把握することが重要になるといえます。

■ 労働者の心の健康の保持増進のための指針

労働者の心の健康の保持増進のための指針

- **衛生委員会などにおける調査審議**
  事業者が労働者の意見を聴きつつ、事業場の実態に即した取り組みができるように心がける。
  （社内の衛生委員会や、労働者の意見を聴く機会を活用し、調査審議を行う）

- **心の健康づくり計画を策定**
  上記の調査審議を経て洗い出したメンタルヘルスケアの現状や問題点をふまえ、基本的な計画を策定する

- **4つのメンタルヘルスケアの推進**
  メンタルヘルスケアに効果的とされる以下の4つのケアを継続的・計画的に行う
  ①セルフ（自己）ケア
  ②ライン（管理職）によるケア
  ③事業場内産業保健スタッフ等（産業医、保健師など）によるケア
  ④事業場外資源（専門医など）によるケア

「労働者の心の健康の保持増進のための指針」には、メンタルヘルスケアの基本的な考え方が示されていますが、それはどのようなものでしょうか。

留意すべき事項として4通りの基本的な考え方が示されています。

　労働者の心の健康を保持増進する措置（メンタルヘルスケア）に関する重要なガイドラインが、厚生労働省が公表している「労働者の心の健康の保持増進のための指針」です。この指針は、事業場において事業者（使用者）が行うべきであるメンタルヘルスケアについて定めています。この指針では、事業者がメンタルヘルスケアを推進する際の基本的な考え方として、以下の留意すべき4つの事項が示されています。

① 「心の健康問題の特性」では、心の健康問題はそのプロセスの把握が困難であることなどが示されています。
② 「労働者の個人情報の保護への配慮」では、労働者が安心してメンタルヘルスケアに参加する条件になるとしています。
③ 「人事労務管理との関係」では、労働者の心の健康は労働環境によって大きな影響を受けるので、人事労務管理と連携してメンタルヘルスケアを推進するものとしています。
④ 「家庭・個人生活等の職場以外の問題」では、労働者は職場だけでなく家庭などの職場外でもストレスにさらされ、労働者の心の健康問題はこれらが複雑に関係し、相互に影響し合っていることが示されています。

Question 3 職場内でメンタルヘルスケアを行う方法として、参考となるガイドラインなどがあれば教えてください。

「労働者の心の健康の保持増進のための指針」により方法が示されています。

労働者のメンタルヘルスケアに関するガイドラインとして、厚生労働省が「労働者の心の健康の保持増進のための指針」を公表しています。この指針では、各事業場が「心の健康づくり計画」の策定・実施するのが望ましいとしています（156ページ）。

そして、「心の健康づくり計画」の実施に際しては、ⓐメンタルヘルス不調を未然に防止する「一次予防」、ⓑメンタルヘルス不調を早期発見して適切な措置を行う「二次予防」、ⓒメンタルヘルス不調となった労働者の職場復帰を支援等を行う「三次予防」が円滑に行われるようにする必要があるとしています。

さらに、メンタルヘルスケアを推進するために、①セルフケア、②ラインによるケア、③事業場内産業保健等スタッフによるケア、④事業場外資源によるケア、という４つの方法（４つのケア）を継続的・計画的に行うべきことが示されています。

① セルフケア

労働者自身がストレスや心の健康について理解し、自らのストレスを予防・軽減する、あるいはこれに対処するというメンタルヘルスケアの方法のことです。労働者自身がストレスに気づくためには、事業者が労働者に対してセルフケアについて教育研修を実施し、心の健康について労働者が理解する機会を与えることが

重要になります。
② ラインによるケア
　労働者と日常的に接する管理監督者（管理職）が、心の健康に関して職場環境などを改善し、または労働者との相談に応じることで行うメンタルヘルスケアのことです。
　労働者を管理・監督する者は、部下である労働者の状況を日常的に把握しており、個々の職場における具体的なストレス要因も把握しています。そのため、労働者を管理・監督する者は、職場環境などの改善を図ることができる立場にあるといえ、メンタルヘルスケアにおいて重要な役割を果たすことができます。
③ **事業場内産業保健等スタッフによるケア**
　事業場内産業保健等スタッフ（産業医、衛生管理者、保健師、心の健康づくり専門スタッフ、人事労務管理スタッフなど）が、職場の心の健康づくり対策の提言を行い、その推進を担い、労働者や管理監督者を支援することで行うメンタルヘルスケアのことです。事業場内産業保健等スタッフが連携して、労働者の教育研修を行うことや、職場の環境改善について事業者に対して提言をすることで、労働者の心の健康を守ります。
④ **事業場外資源によるケア**
　事業場外の機関（外部機関）や専門家を活用し、その支援を受けることで行うメンタルヘルスケアのことです。メンタルヘルスケアに関して外部の専門家の意見を聴くことは重要です。しかし、外部の専門家を頼りすぎることにより、事業者自身による労働者のメンタルヘルスケアの推進に対する主体性を失うことがないよう注意する必要があります。
　このように、指針では主に4つの方法によるメンタルヘルスケアをが示され、この4つの方法を組み合わせて、労働者の心の健康を守るべきことが示されています。

 安全配慮義務と健康配慮義務はどう違うのでしょうか。

 健康配慮義務は安全配慮義務の中に含まれている概念です。

　事業者（使用者）は、労働者に対して健康配慮義務を負ってます。健康配慮義務とは、事業者が「業務の遂行に伴う疲労や心理的負荷等が過度に蓄積して労働者の心身の健康を損なうことがないよう注意する義務」（最高裁平成12年3月24日判決）と定義されています。事業者が健康配慮義務を怠ると、労働者の過労死や過労自殺などの問題を引き起こしてしまう危険性があります。

　そして、健康配慮義務は「安全配慮義務」と全く異なるものではありません。安全配慮義務とは、労働者の安全・生命・健康などの全体的な事柄について配慮すべき義務のことですが（労働契約法5条参照）、健康配慮義務は労働者の健康を守ることに特化した義務だといえます。つまり、安全配慮義務のうちの一部が健康配慮義務となっているのです。

　なお、事業者は、労働安全衛生法に基づき労働者の健康を管理するという健康管理義務も負っています。健康管理義務は、安全配慮義務や健康配慮義務と大きな違いはなく、企業が健康管理義務に違反した場合には、同時に安全配慮義務や健康配慮義務に違反しているとされる可能性が高くなります。事業者がこれらの義務に違反している場合、労働者やその遺族から損害賠償請求訴訟を提起され、高額の賠償金支払義務を負う可能性があります。

安全配慮義務についてどのような対策を講じていくべきでしょうか。

職場の状況や各労働者の従事している作業などによって対策は異なります。

事業者(使用者)が安全配慮義務を果たすためにどのような対策を講じるべきかについては、作業などに応じて様々な場面が想定できるため、ケース・バイ・ケースで考える必要があります。

たとえば、物理的に危険な作業を伴う仕事に従事する労働者に対しては、物理的に労働者が危険な状態に置かれることを防ぐ措置を講じることが要求されます。また、長時間労働が常態化し、労働者が過労死をしかねない状況になっている場合には、その労働者の仕事を他の人に振り分けるなどして、労働者の負担を軽減する措置を講じることが要求されます。

労働者の健康のために普段から行うべきことは、専門医(産業医や保健師など)によるカウンセリングを定期的に実施することです。カウンセリングにより何か問題が発覚した場合には、そのつど必要な措置を講じることを考えることになります。事業者と専門医が連携を取り、守秘義務を守りながら情報を共有することで、安全で快適な職場環境を保つことができます。

いずれにしろ、事業者が果たすべき安全配慮義務の内容は状況に応じて変化します。事業者としては、労働者の安全や健康を守るために必要なことは何かを常に考えておく必要があります。

健康診断にはどんな種類があるのでしょうか。

 事業者には健康診断を行う義務があります。

事業者は、労働安全衛生法などに基づき、労働者に対して健康診断を受けさせなければならない法令上の義務があります。

そして、健康診断の結果に基づき、労働者の健康を維持するために必要がある場合には、就業場所の変更や深夜業の回数の減少など必要な措置を講じる必要があります（66条の5）。

●一般健康診断

健康診断には、労働者に対して定期的に実施する「一般健康診断」と、有害業務に従事する労働者に対して行う「特殊健康診断」があります。まず、一般健康診断には、以下の種類があります。

① 雇入時の健康診断

事業者は、常時使用する労働者（常用雇用者）を雇い入れるときは、定期健康診断の項目（166ページ図）のうち喀痰検査を除いた項目について、医師による健康診断を行わなければなりません（労働安全衛生規則43条）。健康診断項目の省略はできませんが、労働者が3か月以内に医師による診断を受けており、その結果を証明する書面を提出すれば、その項目についての健康診断を省略することができます。

② 定期健康診断

事業者は、常時使用する労働者（特定業務従事者を除く）に対

して、1年以内ごとに1回、定期健康診断の項目（166ページ図）について、定期的に健康診断を行わなければなりません（労働安全衛生規則44条）。定期健康診断の場合は、雇入時の健康診断とは異なり、以下の項目については、所定の基準に基づき、医師が不要と認めれば、検査を省略することができます。

・身長（20歳以上の者）
・腹囲（40歳未満で35歳以外の者、BMI20未満の者など）
・胸部エックス線検査（40歳未満かつ20歳、25歳、30歳、35歳以外の者で、所定の業務に従事していない者）
・喀痰検査（胸部エックス線検査で病変の発見されない者など）
・貧血検査、肝機能検査、血中脂質検査、血糖検査、心電図検査（40歳未満で35歳以外の者）

③ 特定業務従事者の健康診断

事業者は、深夜業などの特定業務に常時従事する労働者（特定業務従事者）に対して、その業務への配置替えの際および6か月以内ごとに1回、定期的に定期健康診断と同じ項目の健康診断を行わなければなりません（労働安全衛生規則45条）。ただし、胸

■ 一般健康診断の種類

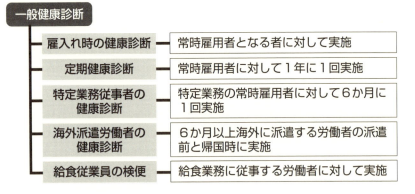

部エックス線検査と喀痰検査については、1年以内ごとに1回、定期的に行えば足ります。

④　海外派遣労働者の健康診断

　事業者は、労働者を6か月以上海外に派遣するときは、事前の健康診断を行わなければなりません。また、6か月以上海外勤務した労働者を帰国させ、国内の業務に就かせるときも、事前の健康診断が必要です（労働安全衛生規則45条の2）。実施すべき検査項目は、双方ともに定期健康診断の各項目に加えて、以下の項目のうち医師が必要と認めるものです。

・腹部画像検査（胃部エックス線検査、腹部超音波検査）
・血液中の尿酸の量の検査
・B型肝炎ウイルス抗体検査
・ABO式およびRh式の血液型検査（派遣前に限る）
・糞便塗抹検査（帰国時に限る）

⑤　給食従業員の検便

　事業に附属する食堂・炊事場における給食の業務に従事する労働者に対しては、雇入れ・配置替えの際に、検便を行わなければなりません。

●特殊健康診断

　特殊健康診断とは、①有害業務に従事する労働者に対する特別項目に関する健康診断、②過去に有害業務に従事していた労働者に対する健康診断、③有害業務に常時従事する労働者に対する歯科医師による健康診断のように、一般健康診断の他に行う特別項目に関する健康診断を指します（66条）。

●健康診断の時間や費用はどうなる

　健康診断にかかる費用は、原則として事業者が負担します。健康診断の実施は、労働安全衛生法などによって定められた事業者の義務であるためです。

一方、健康診断に必要な時間の取扱いは、健康診断の種類によって取扱いが異なります。まず、雇入時の健康診断や定期健康診断は、業務に関連するものとはいえず、事業者に賃金の支払義務はないとされています。つまり、健康診断の時間は就業時間扱いとはならないということです。しかし、労働者の多くが事業場を抜けて健康診断を受けることになると、業務が円滑に進みません。このため、労使間で協議の上、就業時間中に健康診断を実施し、事業者が受診に要した時間の賃金を支払うことが望ましいとするのが厚生労働省の見解です。

　これに対し、特定業務従事者の健康診断は、業務に関連して実施すべきものであるため、所定労働時間内に実施し、賃金を支払うべきとされています。

■ **定期健康診断の項目**

定期健康診断
- 既往症および業務歴の調査
- 自覚症状・他覚症状（医師の判断による）の有無の検査
- 身長・体重・腹囲・視力・聴力の検査
- 胸部エックス線検査・喀痰検査
- 血圧の測定
- 貧血検査（赤血球数、血色素量）
- 肝機能検査（GOT、GPT、γ-GTP）
- 血中脂質検査
- 血糖検査（空腹時血糖、2018年4月から随時血糖が追加）
- 尿検査（尿中の糖および蛋白の有無の検査）
- 心電図検査

健康診断は必ず行わなければならないものなのでしょうか。拒否するとどうなるのでしょうか。

健康診断の受診は労働者の義務であるため、これを拒否すると懲戒処分を受ける可能性があります。

事業者は、労働者に対して健康診断を受けさせなければなりません（66条）。これは労働安全衛生法が事業者に課している義務です。健康診断には、労働者に対して定期的に実施する一般健康診断と、危険な業務に従事する労働者に対して行う特殊健康診断があります。健康診断を労働者に受けさせない場合、事業者には50万円以下の罰金が科せられます（120条、122条）。

事業者は、健康診断の結果に基づき、労働者の健康を維持するためにどのような措置を講じるべきか医師の意見を聞く必要があります（66条の4）。事業者は、医師の意見をふまえて、労働者の健康を維持するために必要がある場合は、就業場所の変更や深夜業の回数の減少など必要な措置を講じます（66条の5）。

●労働者は健康診断を拒否できるのか

労働安全衛生法は、労働者に健康診断を受けさせることを事業者の義務とするとともに、事業者が行う健康診断を受診することを労働者の義務としています（66条5項）。よって、労働者は事業者が行う健康診断の受診を拒否できません（労働者には罰則がありません）。ただし、事業者が指定した医師以外の医師による健康診断を受けて、それを証明する書面を事業者に提出することで、

事業者が行う健康診断の受診義務を免れることができます。

●健康診断の受診拒否に対する懲戒処分

　このように健康診断の受診が労働者の義務であることから、事業者は、労働者に健康診断の受診を業務命令として発することができます。もし労働者が業務命令に従わず、健康診断の受診を拒否したときは、業務命令違反として労働者に懲戒処分を行うことができます。ただし、懲戒処分を行うためには、就業規則に「懲戒処分ができる」との規定を設けるなど「使用者が労働者を懲戒することができる」ための根拠が必要です（労働契約法15条）。

　たとえば、就業規則に「労働者は事業者の指示に従い健康診断を受けなければならない」という項目を設けて、健康診断を拒否した労働者に対して懲戒処分をする旨を記載する方法が考えられます。就業規則にこのような記載をすることで、事業者は健康診断を拒否した労働者に対して懲戒処分を行うことが可能です。

●健康診断の結果を通知する

　事業者は、労働者に健康診断の結果を通知する義務を負っていますので（66条の6）、原則として、労働者に健康診断の結果のすべてを通知する必要があります。労働者は健康診断の結果を見て、自らの健康を維持するのに必要なことを把握します。労働者の健康を維持する観点から、労働者への健康診断の結果の通知は必要な行為だといえます。

　ただし、例外的に労働者が重病にかかっている場合は、その内容を告知する方法に留意が必要です。重病であることを労働者に告知すると労働者がパニックに陥る可能性があるため、事業者としては慎重に対応していくべきです。告知方法は医療関係者と相談するのが効果的です。その上で、医療関係者が告知するか、事業者が告知するかを判断していくことになります。

 過重労働による健康障害の防止のための措置にはどのようなものがあるのでしょうか。

 事業者は健康管理体制の整備・健康診断の実施等の義務を負います。

　労働者が抱える深刻な健康障害として、脳・心臓疾患とともに心の健康に関する問題が挙げられます。心の健康を損ねる大きな原因の一つに「過重労働による蓄積疲労」があります。時間外・休日労働に従事し、休養を取らずにいると、心身の疲労を回復する時間が取りづらくなり、精神的なバランスを崩す危険性が高まります。

　このような事態を受けて、厚生労働省では「過重労働による健康障害防止のための総合対策」（次ページ図）を策定し、事業者が講じるべき措置を示しています。

　具体的な措置として、まず事業者に対して「健康管理体制の整備・健康診断の実施」を求めています。労働安全衛生法に基づく産業医・衛生管理者・衛生推進者等の選任、それらの者による健康管理に関する職務の遂行、健康診断とその結果に基づく事後措置の実施などがこれにあたります。

　また、すべての規模の事業者に対して「長時間労働者に対しての医師による面接指導の実施」を義務付けています。面接指導の対象となるのは、時間外・休日労働が1か月当たり100時間を超えて、疲労の蓄積が認められる労働者です。この要件に該当する労働者から申し出があった場合には、事業者は、原則として医師

による面接指導を行わなければなりません。また、面接指導の実施後、会社側は労働者の健康を守るために行うべき措置について医師の意見を聴取します。その上で、必要に応じて作業転換や労働時間の短縮措置などを実施しなければなりません。

さらに、労働安全衛生法66条の2では、深夜業（原則として午後10時から午前5時までの間における業務）に従事する労働者が一定の要件を充たす場合、自ら受けた健康診断の結果を証明する書面を事業者に提出することができると規定しており、これを自発的健康診断といいます。自発的健康診断結果の提出には期限が設けられており、健康診断の受診後の3か月以内です。

事業者には、自発的健康診断受診支援助成金制度の存在を労働者に周知することを求め、労働者に対して自発的健康診断の受診を促しています。深夜業という労働環境の中で健康に不安を抱く労働者が、自発的に健康診断を受け、事業者に結果を提出した場合、事業者は事後措置等を講じる義務を負います（66条の5）。

■ **過重労働による健康障害防止のための総合対策**

過重労働による健康障害防止のための総合対策

- **時間外・休日労働時間の削減**
  - 36協定の届出や限度基準の遵守の徹底
  - 裁量労働制の導入に係る周知指導
  - 各労働者の労働時間の把握

- **年次有給休暇の取得促進**
  - 休暇を取得しやすいような環境整備
  - 計画的付与制度・時間単位有給制度の導入・活用

- **労働時間等の設定の改善**
  - 「労働時間等見直しガイドライン」に基づく措置

- **労働者の健康管理に係る措置の徹底**
  - 産業医・衛生管理者・衛生推進者等の選任
  - 長時間労働者に対する面接指導の実施

心身の不調を訴える従業員がいますが、会社としては何も対応できていないのが現状です。使用者にはメンタルヘルスに対する安全配慮義務があるのでしょうか。

労働者のメンタルヘルス不調（疾患）を防ぐための対策をとることが求められます。

　精神的に不健康な状態に陥ると、自殺などの危険の他、だるさ、寝坊などの身体的な症状が出て、仕事ができなくなることがあります。この場合、労働者本人の生活はもちろん、業務や周囲の人にも少なからず影響を及ぼします。使用者（事業者）には、従業員の事故や過労死などを招かないよう、職場環境や労働条件などを整備する義務があります。さらに、労働者が労働によって精神疾患を発症することがないよう、メンタルヘルス対策を練り、労働者の心の健康に配慮する義務もあります（安全配慮義務）。

　具体的な安全配慮の方法として、厚生労働省では「労働者の心の健康の保持増進のための指針」を策定し、心の健康を保持するための計画（心の健康づくり計画））を立て、実施するよう示しています。この計画を実施する際には、メンタルヘルスケアに効果的とされる４つのケア（159ページ）が適切に実施されることが求められています。具体的な実施方法として、①メンタルヘルスケアの教育研修・情報提供、②職場環境等の把握と改善、③メンタルヘルス不調への気づきと対応、④回復後の職場復帰における支援などが挙げられています。

Question 10 労働者がメンタルヘルス疾患と診断された場合、どのような対応をすればよいでしょうか。

 疾患が悪化しないように、労働条件を変更する必要があります。

　使用者(事業者)は、労働者に対して、労働者の健康に配慮する義務を負っています(安全配慮義務)。そのため、労働者がメンタルヘルス疾患に罹患していると判明した場合は、それが悪化しないような措置を講じる必要があります。具体的には、就業場所の変更、作業の転換、労働時間の短縮、深夜業の回数の減少などの対策を講じることになります(66条の10第6項)。

　また、メンタルヘルス疾患に対する措置を講じる際には、医師の意見を聴くことも必要です(66条の10第5項)。事業者としては、医師の意見をふまえて、労働者のために効果的な方法を模索することになります。

　労働者がメンタルヘルス疾患に罹患しているのに、何らの対策を講じなかったために症状が悪化した場合、使用者(事業者)は労働者に対して損害賠償責任を負うことがあります。

　なお、メンタルヘルスに関する情報は、個人情報保護法で保護の対象とされている「個人情報」ですので、慎重に取り扱う必要があります。たとえば、メンタルヘルスに関する情報は、当初の目的以外の目的のために用いることはせず、原則として外部の者には提供しないことが必要になります。

Question 11 労働者災害補償保険（労災保険）とはどんな保険なのでしょうか。メンタルヘルス疾患にかかった場合は、労災保険による補償はあるのでしょうか。

業務災害・通勤災害への給付がなされ、メンタルヘルス疾患も給付対象となる場合があります。

　公的保険は労働保険と社会保険に分類され、このうち労働保険は労働者災害補償保険（労災保険）と雇用保険の2つの制度から構成されています。労災保険とは、労働者が業務中または通勤途中の事故などによって負傷し、疾病にかかり、または死亡するという災害（業務災害・通勤災害）を受けた場合に、政府が治療費などの必要な給付（補償）を行う保険です。メンタルヘルス疾患にかかった場合も労災保険の給付対象となる場合があります。

　労働基準法第8章（災害補償）により、使用者には労働者の業務上の負傷・疾病・死亡に対する補償（労災補償）が義務付けられていますが、特に小規模事業者の場合、少々の災害でも補償金額が大きな負担となることが多いようです。この場合、災害を受けた労働者に対して政府が労災保険による給付を行うことで、使用者の労災補償責任を補てんするという形がとられています。

　労災保険については、労災適用事業に従事する労働者すべてに適用されます。正社員やパート・アルバイトなどの雇用形態は関係なく、日雇労働者や外国人も適用対象です。なお、会社の代表者は労災保険の適用対象外ですが、中小企業主の場合は労災保険に特別加入できる第1種特別加入制度という制度があります。

 仕事が原因で労働者が精神疾患を発症し休業や自殺に陥った場合、労働者やその遺族は労災保険の補償を受けることができるのでしょうか。

 精神疾患(メンタルヘルス疾患)も労災認定がなされて、労災保険による補償が行われる場合もあります。

精神疾患(メンタルヘルス疾患)に陥る労働者が増加している昨今、労働者がうつ病などを発症した時に、それが労災として補償されるかについて、裁判で争われることも多くあります。

以前は精神疾患と業務との間の因果関係の証明が難しいという理由で、労災が認められることはまずありませんでした。近年でも因果関係の証明が難しいことは変わりないものの、裁判所が労災認定をするケースが確実に増えています。厚生労働省は「心理的負荷による精神障害の認定基準」(平成23年12月26日基発1226第1号)という労災認定の基準を示しています。

この認定基準では、労働者に発病する精神障害は「業務による心理的負荷」「業務以外の心理的負荷」「個体側要因」の3つが関係して起こることを前提とし、以下のすべての要件を充たす場合に業務上の精神障害と認めて労災認定を行うとしています。

① 対象疾病を発病している
② 対象疾病の発病前おおむね6か月の間に、業務による強い心理的負荷が認められる
③ 業務以外の心理的負荷および個体側要因(労働者の側の個人的な要因)により対象疾病を発病したとは認められない

すべての精神疾患が労災に該当するわけではないと聞いたのですが、具体的にどんなケースで精神疾患が労災にあたると判断されるのでしょうか。

「心理的負荷による精神障害の認定基準」という厚生労働省の指針に基づき判断されます。

　精神疾患（精神障害）が労災にあたるかどうかは、原則として、厚生労働省の「心理的負荷による精神障害の認定基準」（認定基準）に基づいて判断されます。具体的には、①対象疾病を発病している、②対象疾病の発病前おおむね6か月の間に、業務による強い心理的負荷が認められる、③業務以外の心理的負荷および個体側要因により対象疾病を発病したとは認められない、という要件をすべて充たすときに労災に該当する（労災認定が行われる）としています（前ページ）。

① **対象疾病を発病している**

　認定基準の対象となる「対象疾病」とは、国際疾病分類第10回修正版（ICD-10）第Ⅴ章「精神および行動の障害」に分類される精神障害であって、認知症や頭部外傷による障害（F0）およびアルコールや薬物による障害（F1）は除きます。

② **対象疾病の発病前おおむね6か月の間に、業務による強い心理的負荷が認められる**

　発病前おおむね6か月間に、対象疾病の発病に関する業務における出来事と出来事後の状況を具体的に把握し、心理的負荷の強度の程度について、認定基準で示された「業務による心理的負荷評価表」を指標として「強」「中」「弱」の3段階に区分します。

その上で、総合評価が「強」と判断された場合に、②の要件を満たしたものとされます。

③ 業務以外の心理的負荷および個体側要因により対象疾病を発病したとは認められない

認定基準で示された「業務以外の心理的負荷評価表」を用いて検討していきます。評価の対象となる出来事として、以下のものが挙げられています。②において業務による強い心理的負荷が認められても、業務以外の心理的負荷または個体側要因が認められるときは、どの要因が最も強く精神疾患の発症に影響したかを検討して、最終的な評価が出されることになります。

・自分の出来事
　離婚・別居、重い病気・ケガ・流産など
・自分以外の家族・親族の出来事
　配偶者・子供・親・兄弟の死亡、配偶者・子供の重い病気・ケガなど
・金銭関係
　多額の財産の損失、突然の大きな支出など
・事件、事故、災害の体験
　天災・火災に遭う、犯罪に巻き込まれるなど

■ 心理的負荷の強度についての強・中・弱の区分

業務による強い心理的負荷が認められる場合	→『強』と認定
業務による強い心理的負荷が認められない場合で、「弱」よりは心理的負荷があるもの	→『中』と認定
業務による強い心理的負荷が認められない場合で、一般的に弱い心理的負荷しか認められないもの	→『弱』と認定

 残業が続き、疲労を訴える従業員がいるため、メンタルヘルス対策を考えています。注意すべき重要なポイントがあれば教えてください。

 メンタルヘルスの特性を知り、労働者のプライバシーに配慮する必要があります。

　残業による疲労は、労働者がメンタルヘルスに不調をきたす大きな要因のひとつです。そのため、事業者としては、労働者の業務負担を軽減させ、その上で予防策としてのメンタルヘルス対策を講じる必要があります。その方法は、まず残業（時間外・休日労働）を減らす対策を取り、メンタルヘルス対策の計画を立て、実行に移していきます。メンタルヘルス対策の実施に際しては、次のような点を念頭に置くとよいでしょう。

　まず、メンタルヘルスの特性を適切に把握することです。労働者がメンタルヘルスに不調をきたす要因は様々です。同じ職場環境下に置かれても、本人の性格・持病やプライベートの状況などにより、不調をきたす人もいればそうでない人もいます。症状にも個人差があり、治癒するまでの過程も千差万別です。

　また、突然不調が現れたように見えても、実は長い時間をかけて負荷がかかり続けていたという場合も多く、不調の原因が把握しにくいという特性があります。問題があっても周囲がなかなか気づくことができず、本人もある程度自覚はありながらも積極的に治療しないケースも多いので、定期的なチェックを行うのが効果的だといえます。

　次に、労働者のプライバシー保護の観点から対策を進めていく

ことです。メンタルヘルス対策は、労働者の「心の健康」というプライベートの領域に踏み込むものです。メンタルヘルスに関する情報を保護するという保証がなければ、労働者は相談や情報提供をためらい、それらをやめてしまう可能性もあります。「情報を漏らさない」「利用目的以外では使用しない」「利用に際しては本人や医師などの同意を得る」など、プライバシー保護に関して細心の注意を払い、それを労働者に周知していくことが重要です。

また、人事労務管理との協力体制を整えておくことも必要です。企業内におけるメンタルヘルスの問題は、労働時間、業務内容、配属・異動といった、人事労務部門に関わるものが密接に関係しているからです。

実際に相談窓口を設けることや、個人情報の保護に配慮するなどの対策を講じたとしても、人事労務部門との連携が不十分であればその対策の効果が半減します。企業内で協力してメンタルヘルス対策に取り組んでいく体制を整える必要があります。

なお、メンタルヘルス対策には、不調（発症）そのものを未然に予防する「一次予防」、不調を早期発見・早期治療する「二次予防」、再発を予防する「三次予防」という３つの段階があります（159ページ）。具体的な内容としては、下図のようなものが挙げられます。

■ メンタルヘルス対策

1次予防	2次予防	3次予防
メンタルヘルスケアに関する教育研修・情報提供、職場の状況を調査して過度なストレスが確認できた場合の組織変更や勤務体制の変更等	セルフチェックや管理監督者・産業保健スタッフ等の相談対応等による早期発見と適切な対応	メンタルヘルスケアの体制（休職制度など）を整えたり、復職の際の支援体制を構築し、再発防止に努める

メンタルヘルス対策を行う際に、発生を防ぐ取り組みに重点を置きたいと考えています。具体的にどのような方法があるのでしょうか。

ストレスチェック、セルフチェック、聞き取り調査などを用いてメンタルヘルス不調の発生を防止します。

厚生労働省の「労働者の心の健康の保持増進のための指針」によると、メンタルヘルス不調の発生を未然に防ぐ対策を「1次予防」といいます。たとえば、以下の方法が挙げられます。

① **ストレスチェック・セルフチェックの定期的な実施**

平成27年12月から義務化されたストレスチェック（185ページ）は、一次予防を主な目的としたものです。その他、ストレスチェックとは別に、自己診断のチェックシートなどを利用したセルフチェックを定期的に行い、労働者自身が自分のストレスに気づいて、その解消を心がけることができるようにします。

② **アンケート調査・聞き取り調査などの定期的な実施**

労働者に対するアンケート調査・聞き取り調査などを定期的に実施し、事業場内のストレス要因を把握・評価し、職場改善等の改善に活かすことがねらいです。

③ **気軽に相談できる環境づくり**

労働者は問題を抱えていても、相談に踏み切れない場合がありますので、早期に相談できる環境の整備が重要です。そのためには、相談したことを理由に不利益な取扱い（解雇、退職勧奨、不当な異動など）をしない旨を明確にするなどが必要です。

Question 16

最近、社内でメンタルヘルス疾患を理由とした退職や休職を申し出る社員が増加しており困っています。具体的な対処方法を教えてください。

Answer 窓口設置や情報収集体制を強化し、対策の必要性を周知徹底させることが重要です。

厚生労働省の「労働者の心の健康の保持増進のための指針」によると、メンタルヘルス疾患（不調）を早期に発見し、適切な措置を講じるための対策を「2次予防」といいます。メンタルヘルス疾患は長期にわたり少しずつストレスが蓄積していくことが多く、その期間が長くなればなるほど回復は難しくなりますので、早い気づきと対応が望ましいといえます。2次予防の主な方法として、以下のものが挙げられます。

① メンタルヘルス専門の相談窓口の設置

メンタルヘルス疾患は、発症しているのかどうかの判断が難しいという特性があります。セルフチェックや管理監督者の相談対応などでも気づけなかったり、「もしかしたら」と思っても相談対応などができないまま時間が経過してしまうこともあります。

そこで、メンタルヘルス専門の相談窓口を設置し、問題が表面に出てきていなくても確認や相談を行うことが求められます。

② 情報収集体制の構築

体の不調の場合、医師は問診、血液検査、CT、MRIなどの方法で患者の体の情報を集め、診断をすることになります。しかし、メンタルヘルス疾患の場合、検査器具によって患者の心を把握することは非常に困難ですから、本人や管理監督者はもちろん、必

要に応じて同僚や家族などからも情報収集をすべき場合もあります。その際、個人情報を保護すること、不当に業務上の評価や立場を悪くしないこと（不利益取扱いの禁止）などを明確にし、安心して情報提供ができるようにしておく必要があります。

③ メンタルヘルス対策の必要性の周知徹底

労働者がメンタルヘルス疾患を発症し、対応が必要な状態になると、業務に支障が出てきます。その際、一緒に業務を遂行する他の労働者に情報を全く与えないわけにはいきません。個人情報の保護が重要だからと隠したまま、他人に業務の負担をさせることは、逆に本人の立場を悪くすることになるからです。

一方、周囲の労働者にメンタルヘルス疾患の知識が不足している状態で、不用意に疾患について公表すれば、本人を孤立させたり、接し方がわからず混乱を招くことにもなりかねません。

よって、職場においてメンタルヘルス対策の必要性や具体的な対応などを周知徹底し、お互いにムリのない職場環境を作っていくことが重要です。

■ 2次予防のために会社が取ることができる対策

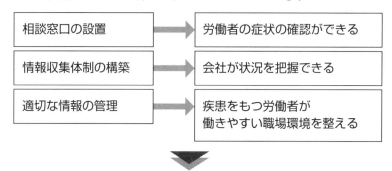

Question 17 復職を果たした労働者の疾患を再発させないための予防策について教えてください。

労働時間や業務内容の調整、産業医等との連携体制を整備する必要があります。

メンタルヘルス不調（疾患）を発症して休業していた労働者が復職する場合、そのまま元の職場に戻せばよいのかというと、必ずしもそうとは限りません。もちろん元の職場に戻るケースもありますが、職場の人間関係や労働環境がきっかけでメンタルヘルス疾患を発症した場合、その後も状況が変わっていなければ、せっかく完治しても再び発症することがあるからです。

厚生労働省の「労働者の心の健康の保持増進のための指針」においては、再発防止のための措置である「3次予防」を示しています。基本的には、メンタルヘルス不調から復帰した者に対する措置となりますが、不調者本人だけではなく、職場の全体で再発や後続者を生まないような取り組みを行う必要があります。復職する本人も迎える職場側も、できるだけ早く元のように働き、業績を上げていきたいのが本音だと思われますが、無理をするとかえって問題が大きくなることもあります。そこで、復職後の業務遂行に際しては、主に以下の点に留意しながら進めていくことが求められます。

① 時短勤務・残業制限・交代勤務の制限

メンタルヘルス不調者は、睡眠障害や朝の決まった時間に起床できないなど、心身不調による生活リズムの乱れが多く見られま

す。そのため、復職した不調者に対する措置として、まずは規則正しい生活をさせることが重要です。起床・就寝時間を同じくし、十分な睡眠時間により休息が確保できるよう、無理のない労働時間を組む必要があります。

② **仕事配分の調整、配置転換・転勤などの措置**

復職した不調者に過度の負荷を与えないよう、業務の配分も調整し、徐々に元の状態へ戻すように心がけます。また、環境の変化による極度な緊張は心身に負担がかかるため、負担の軽い部署への異動を検討し、過度な転勤の措置は控えるようにします。

③ **産業医等との連携体制の整備**

再発を防止するための体制づくりに際し、産業医等の協力を仰ぎます。たとえば、定期的に復職者と面談を行う方法や、復職者への業務の配分のアドバイスを産業医等に求める方法などが挙げられます。面談時の復職者の状態などを事業者側が聞き取り、連携して再発予防体制を取ることが重要です。

なお、メンタルヘルス不調は業務上の問題にとどまらず、当該労働者の日常生活とも密接な関連性があります。そこで、事業者としては、産業医等を交えて面談等を行うにしても、過干渉にならないよう労働者本人の意見を尊重することに留意しましょう。

■ **3次予防による取り組み体制**

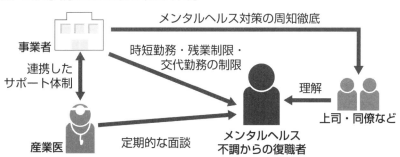

Question 18 職場でのメンタルヘルス対策として、外部の専門機関などを活用することを考えていますが、具体的にはどのように進めていけばよいのでしょうか。

 社内に相談窓口を設け、必要に応じて外部機関と連携して対応する方法が効果的です。

　たとえば、労働者に対して健康診断を実施する場合は、社外の医療機関に委託することで足ります。しかし、メンタルヘルス対策の場合は、人事労務管理などが複雑に関連することもあり、外部機関に丸投げをするわけにはいきません。そのため、まずは社内に相談窓口を作り、相談窓口が中心になって活動する中で、必要に応じて外部機関と連携し、社内では対応し切れない部分を補ってもらう、という体制を構築する方法が効果的となります。

　連携をとる外部機関として、主に以下のものがあります。

① メンタルヘルス対策支援センター

　独立行政法人労働者健康安全機構が厚生労働省の委託を受けて設置している機関です。全国47都道府県の「産業保健総合支援センター」に設置されており、事業者からの相談受付や、専門家による事業場への訪問支援などを行っています。

② 民間医療機関

　精神科や心療内科などの診療科を開設している病院や診療所です。別途労働者のメンタルヘルスサポートを行う窓口を設け、メンタルヘルス疾患を発症した労働者本人はもちろん、予防対策や家族のサポートなどを含めて行っているところもあります。

ストレスチェックとはどんな制度なのでしょうか。

年に１回以上の実施が義務付けられている定期健康診断のメンタル版といえる制度です。

近年、仕事や職場に対する強い不安・悩み・ストレスを感じている労働者の割合が高くなりつつあることが問題視されています。

こうした状況を受けて、労働安全衛生法が改正され、職場におけるストレスチェック（労働者の業務上の心理的負担の程度を把握するための検査等）の義務化が実現しました（66条の10）。

ストレスチェックは平成27年12月から義務化されている制度で、いわば定期健康診断のメンタル版です。事業者が労働者のストレス状況を把握することと、労働者が自身のストレス状況を見直すことができる効果があります。

具体的には、労働者のストレス状況を把握するため、調査票に対する回答を求めます。ストレスチェックの調査票には「仕事のストレス要因」「心身のストレス反応」「周囲のサポート」の３領域を全て含めることとなっています。どのような調査票を用いるかは事業者の選択に委ねられていますが、厚生労働省が標準的な調査票として「職業性ストレス簡易調査票」を推奨しています。

職場におけるストレスの状況は、職場環境に加えて、個人的な事情や体調（体の健康）など、様々な要因によって常に変化するものです。そのため、ストレスチェックは年に１回以上の定期的な実施が義務付けられています。

第5章 ● メンタルヘルスと安全管理

どんな会社でもストレスチェックが行われるのでしょうか。受けないと解雇や減給などの処分が下されるのでしょうか。

労働者が常時50人以上の事業場が義務化の対象で、拒否した者への不利益な取扱いは禁止されています。

　ストレスチェックの義務化の対象になるのは、労働者が常時50人以上従事する事業場です。この要件に該当する場合は、1年以内ごとに1回以上、定期にストレスチェックの実施が義務付けられています。なお、ストレスチェックの対象となる労働者は、常時使用される労働者で、一般健康診断の対象者と同じです。具体的には、無期雇用の正社員と、1年以上の有期雇用者で正社員の週労働時間数の4分の3以上働いているパートタイム労働者やアルバイトも対象です。派遣労働者の場合は、派遣元事業者が実施するストレスチェックの対象になります。

　なお、健康診断とは異なり、ストレスチェックを受けることは労働者の義務ではありません。よって、事業者は労働者にストレスチェックを強要（強制）することができず、労働者はストレスチェックを拒否することができます。ただし、ストレスチェックはメンタルヘルス不調の労働者の発生を防ぐための措置であるため、事業者は、労働者に対して、ストレスチェックによる効果や重要性について説明した上で、受診を勧めることが可能です。

　ただし、あくまでも「勧めることができる」にすぎず、強要は許されません。また、ストレスチェックを拒否した労働者に対し

て、事業者は、解雇や減給などの不利益な取扱いを行ってはいけません。反対に、ストレスチェックによる問題発覚を恐れ、労働者に対して、ストレスチェックを受けないよう強要することも許されません。

■ ストレスチェックの対象労働者

事業所規模	雇用形態	実施義務
常時50人以上	正社員	義務
	非正規雇用者（パート・アルバイト等）	義務（正社員の4分の3以上の週労働時間である場合に限る）
	1年未満の短期雇用者	義務なし
	派遣労働者	派遣元事業者の規模が常時50人以上なら義務
常時50人未満	正社員	努力義務
	非正規雇用者（パート・アルバイト等）	努力義務（正社員の4分の3以上の週労働時間である場合に限る）
	1年未満の短期雇用者	義務なし
	派遣労働者	派遣元事業者の規模が常時50人未満なら努力義務

■ ストレスチェックの流れ…

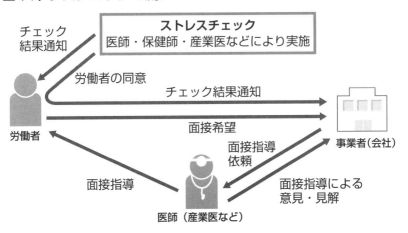

過労死・過労自殺と労災の関係について教えてください。

過労死や過労自殺が労災と認められると、労働者の遺族が労災保険による補償を受けることができます。

　長時間労働、不規則勤務、過酷な職場環境(厳しいノルマ、パワハラの横行など)、上司・同僚・顧客との人間関係の悪化などが肉体的・精神的に疲労(ストレス)を蓄積させ、死に至る病気を発症してしまうことがあります。これを過労死と呼んでいます。

　なお、過労(過重労働)によって病気を発症し、幸いに命は取りとめたものの、半身不随や言語障害など重度の障害を負った場合も含めて「過労死」と呼ぶこともあります。

　過労は労働者の健康に深刻な悪影響を及ぼし、過労死・過労自殺といった事態を招くおそれがあるため、使用者や管理職は労働者を管理する上で、心身の健康への配慮を怠らないようにしなければなりません(健康配慮義務)。

　過労によるストレスは、労働者の肉体に疲労を蓄積させ、病気を誘発する要因となるだけでなく、精神にも大きな負担をかけることになります。このような場合に発症する可能性があるとされているのが「うつ病」です。

　うつ病は「心のかぜ」などとも言われ、だれもが発症する可能性のある病気です。投薬治療などによって治る病気であり、必要以上に恐れることはありません。しかし、うつ病の症状のひとつ

として、特に「自殺念慮」(自殺したいという願望を持ってしまうこと)がある点に注意を要します。過労が原因でうつ病を発症し、そのために自殺してしまうケースが多発しています。このような自殺は「過労自殺」「過労自死」などと呼ばれ、過労死の一種と認識されています。

●過労死にも労災保険が適用される

労働災害(労災)のうち「労働者の業務上の負傷、疾病、障害又は死亡」のことを業務災害といいます。過労死や過労自殺のように、一見すると業務災害とはいえないような事態でも、過重な業務への従事(過重負荷)が原因で起こったと認められれば、業務災害にあたります。このように過労死が労災であると認められたときは、事業者の補償能力とは関係なく、労働者の遺族は労災保険からの補償を受けることができます。

過労死した労働者の遺族が手続きをする際には、労災であることを証明する必要があるため、事業者はその手続きに協力する必要があります。

■ 過労死につながりやすい勤務実態のチェックポイント ………

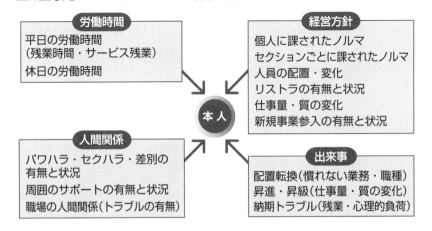

第5章 ● メンタルヘルスと安全管理

過労死の認定基準について教えてください。

過重業務や異常な出来事による過重負荷の度合いが認定の基準となります。

　労働者が過重な業務への従事（過重負荷）によって持病が急激に悪化し、脳・心臓疾患（脳血管疾患や虚血性心疾患等）を発症して死亡した場合には、過重負荷が死亡の有力な要因となったと考えられるため、過労死として労災の対象となります。
　ただし、業務上使用する有害物質を起因とする疾病や業務中の事故による負傷と異なり、過労死は業務と死亡の結果との因果関係の証明が難しく、必ずしも労災認定されるとは限りません。
　なぜなら、労働者の突然死の原因である脳・心臓疾患の発症が、持病の自然経過によるものなのか、それとも過重負荷による急激な病状の悪化によるものなのかを判断するのは、現代の医学水準をもってしても非常に難しいことであるためです。過労死の労災認定については、厚生労働省公表の「脳血管疾患及び虚血性心疾患等（負傷に起因するものを除く）の認定基準」（平成22年5月7日基発0507第3号）に従って判断されています。
　この認定基準では、脳・心臓疾患は長く生活をする中で自然に発症するということを前提としつつ、業務による明らかな過重負荷が自然経過を超えて症状を著しく悪化させることがあることを認めています。なお、過労死の対象疾病として、以下の脳・心臓疾患を挙げています。

① **脳血管疾患**
　脳内出血（脳出血）、くも膜下出血、脳梗塞、高血圧性脳症
② **虚血性心疾患等**
　心筋梗塞、狭心症、心停止（心臓性突然死を含む）、解離性大動脈瘤

●どんな要件があるのか

　以上の対象疾病は業務と関係なく、自然経過によって発症することもあります。そこで、認定基準では業務において以下のような状況下に置かれることで、明らかな「過重負荷」（脳・心臓疾患の発症の基礎となる血管病変などをその自然経過を超えて著しく増悪させ得ることが客観的に認められる負荷）を受けて、それによって脳・心臓疾患を発症したと認められる場合に、労災として取り扱うとしています。

① **異常な出来事**
　発症直前から前日までの間に、発生状態を時間的・場所的に明確にできる、次のような出来事に遭遇した場合をいいます。

■ 業務の過重性の評価項目

チェック項目とその内容

- **労働時間**
  時間の長さ・休日の有無
- **勤務体制（不規則かどうか）**
  スケジュール・業務内容の変更の頻度・程度
- **拘束時間**
  拘束時間数、実労働時間数・労働密度、休憩・仮眠施設の状況
- **出張の実態**
  出張の内容・頻度・移動距離、宿泊の有無、休憩・休息の状況
- **交代制・深夜勤務の実態**
  シフトの変更の頻度・程度、休日の割合、深夜勤務の頻度
- **勤務先の環境**
  温度環境・騒音の有無・時差の有無
- **業務内容の特性（緊張を伴う業務かどうか）**
  ノルマの厳しさ・時間的制約の有無・人前での業務・他人の人生を左右するような重要な業務など

ⓐ 「職場で起こった大きな事故を目撃した」など、業務に関連することで極度の緊張・興奮・恐怖・驚がくなどの強度の精神的負荷を引き起こす突発的または予測困難な異常事態
ⓑ 「作業中に海中に転落した同僚を救助した」など、緊急に強度の身体的負荷を強いられる突発的または予測困難な異常事態
ⓒ 「事務員から急に現場作業に配転され、炎天下で慣れない肉体労働をさせられた」など、急激で著しい作業環境の変化

② 　短時間の過重業務

　発症前おおむね1週間の間に、日常業務に比較して特に過重な業務に就労することによって身体的・精神的負荷を生じさせたと客観的に認められる場合をいいます。ここでいう「特に過重な業務」とは、業務量・業務内容・作業環境などを考慮し、同じ業務に従事する同僚などにとっても特に過重な身体的・精神的負荷が生じると認められる業務であることとされています。

③ 　長期間の過重業務

　発症前おおむね6か月の間に、著しい疲労の蓄積をもたらす特に過重な業務に就労することで、身体的・精神的負荷を生じさせたと客観的に認められる場合をいいます。そして、著しい疲労の蓄積をもたらす最も重要な要因が「労働時間」です。認定基準では、労働時間と発症との関連性を次のように指摘しています。
ⓐ　発症前1か月間から6か月にわたって、1か月当たりおおむね45時間を超えて時間外労働時間が長くなるほど、業務と発症との関連性が徐々に強まる。
ⓑ　発症前1か月間におおむね100時間、または発症前2か月間ないし6か月間にわたって1か月当たりおおむね80時間を超える時間外労働が認められる場合は、業務と発症との関連性が強いと評価できる。

　なお、②③において過重負荷か否かを判断する際は、労働時間

の他、不規則勤務、拘束時間の長い勤務、出張の多い業務、交替制勤務、深夜勤務などの要因について十分に検討する必要があります。労働者が上記の@ⓑに当たるような時間外労働（残業）をしている場合、事業者は残業禁止命令を出し、産業医等の診察を受けさせるなど、メンタルヘルス不調を防止する適切な措置を講じる必要があります。

近年は、過重労働を原因として労災が認定される事案が増えており、事業者（使用者）が労働者の健康に配慮する義務に違反したとして、事業者の責任を認める判例が増えています。ただし、労働者が自らの健康管理を怠ったとして、労働者側の落ち度を一定範囲で認める判例もあります。

■ 事業者（会社）が行うべき過労死の予防策

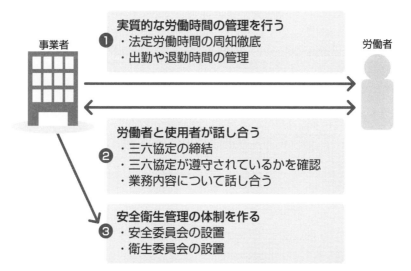

過労死の労災申請に必要な書類について教えてください。

申請する場合にはいくつかの段階を経る必要があります。

　労災（労働災害）の申請をする際には、申請書や証明書類などの様々な書類が必要になります。申請書は請求する保険給付に応じて異なるため、該当するものを選択する必要があります。

　たとえば、過労死のケースでは遺族補償年金と葬祭料を請求することになりますので、「遺族補償年金支給請求書」と「葬祭料請求書」を提出します。なお、申請書や証明書類に添付する書類には、申立書や意見書などがあります。

　原則として、申立書や死亡診断書などを作成する場合は、会社側（事業者）の協力は不要ですが、遺族補償年金の請求書などの場合は、会社側の証明が必要となる欄があるため、会社に対し労働者が死亡するに至った事実関係を証明するように要請する必要があります。しかし、労災が適用された場合の労災保険の掛け金の高額化や企業イメージの低下を恐れる会社側が、証明を拒む場合があることも事実です。この場合は、会社の署名・押印がないまま、その旨を記載した上で申請書を提出することができます。

　申請書類が完成したら、被災労働者が勤めていた会社の所轄労働基準監督署署長へ提出します。申請する場合は、事前に労災課または労災補償課へ申請日の予約をする必要があります。申請日当日には、対応する職員がイメージしやすいよう、申請の趣旨を

わかりやすく説明し、事案の深刻さを理解してもらうように努めます。申立書や意見書などに図案や写真を入れておく工夫も有効です。職員には、担当官の決定後の連絡を依頼し、連絡後はすぐにその担当官に対して同じ説明を行い、申請をします。

労災申請は専門知識が必要な分野であるため、可能な限り専門家（社会保険労務士など）に請求代理人として同席を依頼することが有効です。請求代理人がいる場合は、申請日に加え担当官に説明する際にも同席を依頼します。

■ 過労死の場合の申請の手順

```
                        過労死
                          ↓
┌─────────────┬──────────────────────────────┬──────────────┐
│             │    自分で用意する書類          │              │
│ 必要書類の  │  申請書                        │ 専門家への   │
│  チェック   │  遺族補償年金申請書            │   依頼       │
│     ↓       │  遺族補償年金前払一時金請求書  │              │
│ 書類の準備  │  遺族補償一時金請求書          │              │
│     ↓       │  平均賃金算定内訳書            │              │
│ 申請の予約  │  申立書                        │              │
│     ↓       │  意見書                        │              │
│             │  葬祭料請求書                  │              │
│             │  埋葬許可証・葬祭執行証明書    │              │
│             │  死亡診断書（死体検案書・検視調書）│           │
│             │  戸籍謄本・抄本                │              │
│             │  遺族が被災した労働者の収入によって│           │
│             │  生計を維持していたことを証明する│            │
│             │  市町村長や民生委員の証明      │              │
│     ↓       ├──────────────────────────────┤     ↓        │
│  申　請     │ 会社に協力してもらうもの       │  同　行      │
│     ↓       │ （遺族補償年金・遺族特別支給金・│             │
│ 自分で用意  │   遺族特別年金を請求する場合） │     ↓        │
│  する書類   │ 労働者が死亡するに至った事実関係の│ 同　行    │
│             │ 証明に関する会社の署名・押印   │              │
└─────────────┴──────────────────────────────┴──────────────┘
```

職場環境づくりのための措置について教えてください。

快適な職場環境の形成や受動喫煙防止などが事業者の努力義務として課されています。

　職場が疲労とストレスばかりを感じさせるところであると、労働者の健康を害するばかりか、作業の生産性も低下します。そのため、快適な職場づくりは労使双方にとって重要なものです。

　労働安全衛生法71条の2では、快適な職場環境の形成を事業者に努力義務として課しています。快適な職場づくりには何が必要かを厚生労働省が示した「事業者が講ずべき快適な職場環境の形成のための措置に関する指針」（快適職場指針、平成9年9月25日労働省告示第104号）では、快適な職場環境の形成についての目標に関する事項として、以下の4項目を掲げています。

① 作業環境の管理（空気環境、温熱条件、視環境、音環境、作業空間など）
② 作業方法の改善（機械設備の改善、助力措置の導入、緊張緩和のための機器の導入、作業しやすい配慮など）
③ 疲労回復支援施設（休憩室や相談室の確保、洗身施設の整備など）
④ 職場生活支援施設（食堂や給湯設備の確保など）

●職場での喫煙対策
　禁煙・分煙が年々推奨されていく傾向にある昨今、職場環境における喫煙対策、特に受動喫煙対策が非常に重要なものとなって

います。前述した快適職場指針においても、喫煙場所の指定などの喫煙対策を講ずることが望ましいと明記されています。

また、平成15年の健康増進法の施行により、公共施設等の受動喫煙防止対策が管理者に対し努力義務化されました。さらに、平成27年施行の労働安全衛生法改正により、事業者が労働者の受動喫煙を防止するため、事業者や事業場の実情に応じ適切な措置を講ずることが努力義務化されました（68条の2）。これに伴い、厚生労働省が「労働安全衛生法の一部を改正する法律に基づく職場の受動喫煙防止対策の実施について」（平成27年5月15日基安発0515第1号）という通達を発するなど、受動喫煙防止対策が強化されています。

職場における喫煙対策は、経営陣を中心に組織的に取り組む必要のあるものです。喫煙対策委員会などの組織化や、全社的な行動基準を策定するなど、実効性のある喫煙対策が求められているといえます。

● **VDT作業についての作業管理**

VDTとは、Visual Display Terminalsの略です。主にパソコン等のことを指します。IT化が進み、職場にVDTが導入されるようになったことで、VDT作業を原因とする特有の心身疲労を訴える労働者が急増しています。

そこで、厚生労働省は「VDT作業における労働衛生管理のためのガイドライン」（平成14年4月5日基発第0405001号）を策定し、労働者のVDT作業環境を改善するために事業者がとるべき管理対策を示しています。VDT作業に対して講ずべき措置としては「作業環境管理」の他、「作業管理」「VDT機器等及び作業環境の維持管理」「健康管理」「労働衛生教育」といった方法が示されています。

VDT作業には、データ入力・検索・照合等、文章・画像等の

作成・編集・修正等、プログラミング、監視などがあり、これをいくつかの作業区分に分類し、作業時間の制約等を設けることで、労働者の過度な疲労を防止しようとしています。

たとえば、1日4時間以上の「データ・文章の単純入力業務」の場合、ディスプレイ注視やキーボード操作の時間をできるだけ短くし、他の作業の組み込みやローテーションなどで、1日の連続VDT作業時間の短縮に配慮しなければなりません。一連続作業時間が1時間を超えないようにし、次の作業までの間に10〜15分の作業休止時間を設け、かつ、一連続作業時間内に1〜2回の小休止を設けることなどが求められています。

また、作業環境管理として「照明及び採光」「グレアの防止」についても示されています。ディスプレイ画面上の照度は500ルクス以下、書類上およびキーボード上における照度は300ルクス以上、室内は明暗の差が著しく生じないようにして、まぶしさが生じないようにする必要があります。一方、グレアとは、眼精疲労の原因になる光源から受けるまぶしさを指します。グレア対策として、ディスプレイ画面に反射防止型を採用するなどの対策をとる必要があります。

■ 快適な職場づくり

作業環境の管理
空気の清浄化、温度・湿度・臭気・騒音等の管理、作業時間の管理など

疲労回復支援施設
休憩室・相談室・運動施設・シャワー設備など

作業方法の改善
不良姿勢作業、緊張作業、高温作業、難解な機械操作などの改善

職場生活支援施設
更衣室・食堂・給湯設備・洗面施設など

 建設業における快適な職場環境の形成について教えてください。

 建設業に関する通達などを参考に整備する必要があります。

労働安全衛生法71条の2では、事業者に対して、以下の4点について計画的・継続的に講ずる努力義務を課しています。
① 作業環境を快適な状態に維持管理するための措置
② 労働者の従事する作業方法を改善するための措置
③ 作業に従事することによる労働者の疲労を回復するための施設または設備の設置または整備
④ ①～③の他、快適な職場環境を形成するための措置

それぞれの作業場面に適した快適な作業環境形成のため、厚生労働省は「建設業における快適職場形成の推進について」(平成7年9月26日基安発第13号) という通達で対策例を示しています。たとえば、「冬季屋外作業、夏季屋外作業、トンネル及び地下作業、降雨・強風・日射等の悪天候時の作業、屋外での日射・高温・寒冷室等の作業」における対策の例として、「大きなテントの使用による全天候型作業場の確保、冷暖房設備の設置、作業の遠隔化、降雨・日射対策の遮蔽シートの設置、日除け屋根の設置、日射・強風対策のための壁の設置」などを挙げています。

このような通達を参考にして、快適な職場形成に資する措置や対策をとることには、安全衛生の確保だけでなく、職場活性化、作業能率・生産性の向上など様々なメリットがあります。

安全衛生改善計画など、労働災害防止のための措置について教えてください。

事業者の労災防止活動における自主的努力を促します。

　労働災害を未然に防ぐため、国は様々な法規制を制定しています。しかし、労災防止・労働環境の保全という目的達成のためには、事業者側の自主的な努力も欠かせません。

　そのため、都道府県労働局長は、労災防止活動を促進するための「安全衛生改善計画」の作成を、事業者に対して指示することができます。対象事業場については、「安全衛生改善計画指導要綱」により明示されています。具体的には、①安全管理特別指導事業場（安全対策について改善措置が必要な事業場）と、②衛生管理特別指導事業場に分類されています。衛生管理特別事業場とは、粉じんや騒音・振動など職務の性質に照らして、疾病予防対策に課題がある場合や、メンタルヘルス管理に課題があり、改善措置が必要な事業場を指します。安全衛生改善計画とは、安全を管理するための体制づくりや職場施設などの環境づくり、教育制度づくりに関して具体的に立てる計画のことです。

　安全衛生改善計画は、労働環境の安全衛生面の現状をふまえた現実的なものでなければなりません。また、作成時において、事業者は労働者の意見をきちんと聴き入れる必要があり、計画が絵に描いた餅にならないように労使一体となって作成したものでなければなりません。安全衛生計画の作成指示を受けた事業者は、

速やかに計画を作成し、これを所轄労働基準監督署経由で都道府県労働局長へと提出することで手続きが完了します。計画は書面によって作成され、計画内容についての労働組合・労働者代表の意見を記載した書面も添付する必要があります。

●職場の安全診断をしてもらうこともある

安全衛生計画の内容は、場合によって高度な専門的知識を要することがあります。作成を行う事業者（企業）内部に専門家がいない場合、計画作成に支障をきたす場合や制度上の目的を達成できなくなる場合があるため、安全衛生計画作成の指示を行う都道府県労働局長は、事業者に対して、計画に必要な高度専門知識を持った労働安全コンサルタントや労働衛生コンサルタントのコンサルティングを受けることを勧奨することができます。

職場の安全診断とは、事業者・コンサルタント（労働安全コンサルタント・労働衛生コンサルタント）が連携して以下の手順で進めるものをいいます。

> ①事業場における様々な情報の洗い出し→②危険要因の抽出→③管理体制・教育体制の問題点を分析→④コンサルタントによる改善策の提案→⑤労働安全診断報告書の作成

■ 安全衛生改善計画の内容と作成手続き

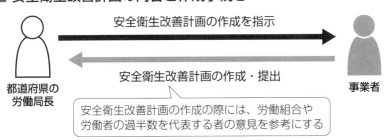

事前届出が義務付けられている届出や審査が必要な仕事について教えてください。

事前届出と審査の二段構えになっています。

労働安全衛生法88条では、安全面で問題のある労働環境の発生を計画の段階から事前に食い止めるため、一定の危険有害を伴う計画について事前届出を義務付けています。届出先は原則として所轄労働基準監督署長ですが、以下のいずれかに該当する大規模な建設業の仕事の計画は、仕事開始日の30日前までに、厚生労働大臣に届け出なければなりません。

① 高さが300m以上の塔の建設の仕事
② 基礎地盤から堤頂までの高さ150m以上のダムの建設の仕事
③ 最大支間500m（つり橋にあっては1000m）以上の橋梁の建設の仕事
④ 長さが3000m以上のずい道等の建設の仕事
⑤ 長さが1000m以上3000m未満のずい道等の建設の仕事で、深さが50m以上のたて坑（通路として使用されるものに限る）の掘削を伴うもの
⑥ ゲージ圧力が0.3メガパスカル以上の圧気工法による作業を行う仕事

これに対し、一定の危険・有害機械等の設置等（設置、移転、主要構造部分の変更）の計画の届出先は所轄労働基準監督署長で、設置等の工事開始日の30日前に届け出る義務があります（88条1

項)。この届出義務は業種や規模にかかわらず、一定の危険・有害機械等の設置等の計画をする際に発生します。なお、労働基準監督署長が認定した事業者は、この届出義務が免除されます。

また、電気使用設備の定格容量の合計が300kw以上の「製造業、電気業、ガス業、自動車整備業、機械修理業に係る建設物・機械等の設置・移転等の計画」などを所轄労働基準監督署長に届け出る義務(旧88条1項)は、平成26年施行の労働安全衛生法改正により廃止されています(現在は届出不要です)。

そして、建設業(前述した大規模な建設業の届出の対象となるものを除きます)および土石採取業における以下の仕事については、作業開始の14日前に所轄労働基準監督署長への届出が必要です(88条3項)。

① 高さ31mを超える建設物または工作物(橋梁を除く)の建設等(建設・改造・解体・破壊)の仕事
② 最大支間50m以上の橋梁の建設等の仕事
③ 最大支間30m以上50m未満の橋梁の上部構造の建設等の仕事(一定の場所で行われるものに限る)
④ ずい道等の建設等の仕事(一定のものを除く)
⑤ 掘削の高さまたは深さが10m以上である地山の掘削の作業を行う仕事(一定のものを除く)
⑥ 圧気工法による作業を行う仕事
⑦ 石綿等が吹き付けられている耐火建築物または準耐火建築物における石綿等の除去の作業を行う仕事
⑧ 一定の廃棄物焼却炉、集じん機等の設備の解体等の仕事
⑨ 掘削の高さまたは深さが10m以上の土石の採取のための掘削の作業を行う仕事
⑩ 坑内掘りによる土石の採取のための掘削の作業を行う仕事
　以上の届出を受けた労働基準監督署長または厚生労働大臣は、

計画内容が労働安全衛生法などの関係法令に違反してないかどうかをチェックし、違反があるときは、事業者に対して計画の変更命令または工事・仕事の差止命令などを行います（88条6項）。

■ 労働基準監督署長への届出が必要な作業

作業内容	具体的作業	期限
危険・有害機械等の設置等	①特定機械等（104ページ）の設置等	仕事開始日の30日前
	②一定の動力プレスの設置等	
	③一定のアセチレン溶接装置・ガス集合溶接装置の設置等	
	④一定の化学設備・乾燥設備・粉じん作業設備の設置等	
建設業・土石採取業における作業	①高さ31m超の建設物・工作物の建設等（建設・改造・解体・破壊）	仕事開始日の14日前
	②最大支間50m以上の橋梁の建設等	
	③最大支間30m以上50m未満の橋梁の上部構造の建設等	
	④ずい道等の建設等（一定のものを除く）	
	⑤掘削の高さまたは深さが10m以上である地山の掘削作業	
	⑥圧気工法による作業	
	⑦耐火建築物・準耐火建築物に吹き付けられた石綿等の除去	
	⑧一定の廃棄物焼却炉、集じん機等の設備の解体等	
	⑨掘削の高さ・深さ10m以上の土石採取のための掘削作業	
	⑩坑内掘りによる土石採取のための掘削作業	

■ 厚生労働大臣への届出が必要な作業

作業内容	具体的作業	期限
特に大規模な建設業	①高さが300m以上の塔の建設	工事開始の30日前
	②基礎地盤から堤頂までの高さ150m以上のダムの建設	
	③最大支間500m（つり橋1000m）以上の橋梁の建設	
	④長さが3000m以上のずい道等の建設	
	⑤長さが1000m以上3000m未満のずい道等の建設における通路使用のための深さ50m以上のたて坑の掘削	
	⑥ゲージ圧力が0.3メガパスカル以上の圧気工法による作業	

作業や生産活動の現場での生産方法・工法は日々変化していますが、どんな場合に厚生労働大臣の審査が行われるのでしょうか。

高度の技術的検討を必要とするものについて、厚生労働大臣の審査が行われます。

労働安全衛生法88条の事前届出（202ページ）でチェックされる法令の基準をクリアしたとしても、安全衛生の確保ができないケースがあります。労働安全衛生法89条では、厚生労働大臣は、事前届出のあった計画のうち、高度の技術的検討を必要とするものについて審査を行うことができると規定しています。

「高度な技術的検討を必要とする計画」とは、新規に開発された工法や生産方式を採用する計画などを指します。審査は学識経験者の意見を聴いた上で、安全性確保の目的を達成するべく行われ、届出人（事業者）に勧告・要請の形で是正を求める際は、届出人の意見も聴かなければなりません。事前届出によるチェックが法令の基準に照らして機械的に行われるのに対して、上記の審査は厚生労働大臣の裁量的側面が強いため、審査結果の適切性や柔軟性が保たれるように意見聴取などが定められています。

また、厚生労働大臣の審査対象ではないが、都道府県労働局長が審査を行うことのできる工事計画があります（89条の2）。該当する工事計画の例として、「高さが100m以上の建築物の建設の仕事」「堤高が100m以上のダムの建設の仕事」「最大支間300m以上の橋梁の建設の仕事」のうち一定のものがあります。審査方法などは厚生労働大臣による審査と同様です。

労災事故が発生した場合の手続きについて教えてください。

所轄労働基準監督署長への報告が必要です。

　労災事故（事故による労働災害）が起こった場合は、まず被害を受けた労働者の傷病の状態を確認し、病院へ搬送するなどの対応をとります。事故の状況によっては警察や消防に通報し、労働者の家族への連絡も迅速に行います。その後は、労働者への救済措置や事故原因の究明、再発防止策の検討も必要です。

　なお、労働者が労災事故などによって死亡または休業した場合は、所轄労働基準監督署長に「労働者死傷病報告」を提出する必要があります（労働安全衛生規則97条）。どのような労働災害が発生しているのかを監督官庁側で把握して、事故の発生原因の分析を行い、その統計を取ることで、労働災害の再発防止の指導などに役立たせています。ただし、通勤途中の死傷の場合には「労働者死傷病報告」の提出は不要です。

　また、事業場内で火災爆発の事故があった場合などは「事故報告書」を所轄の労働基準監督署長に提出しなければなりません（労働安全衛生規則96条）。

●労災隠しとは

　故意に労働者死傷病報告を提出しない場合や、虚偽の内容を記載した労働者死傷病報告を提出することを、「労災隠し」といいます。労災事故が発生した場合、事業場の所轄労働基準監督署

長に労働者死傷病報告を提出しなければなりません。しかし、労災事故を報告した場合、以後の保険料率が上がる可能性があります。労働保険料のメリット制が適用されるためです。また、労災事故が発生した場合、事業者の法的責任が問われることとなるため、対外的な評判にも悪影響を与えます。

このようなマイナス要因を避けるため、事業者が「治療にかかった費用は会社で負担すれば済むはずだ」「事故が起こったのは本人の不注意だから労災事故ではない」などと言い出すことがあります。その上で、実際に起きてしまった労災事故を届け出ないため、労災隠しが問題視されています。

●どんなペナルティがあるのか

労災隠しをした者や、その者が所属する事業者は、労働安全衛生法100条違反として50万円以下の罰金に処せられます（120条、122条）。つまり、労災隠しは犯罪なので、刑事訴追されて裁判にかけられる可能性があることに注意を要します。

■ 火災・爆発事故発生時の報告

所轄労働基準監督署長

事故報告書
・事業場内の火災または爆発
・ボイラーの破裂、煙道ガスの爆発
・クレーンのワイヤロープまたはつりチェーンの切断
・移動式クレーンの転倒、倒壊またはジブの折損
・エレベーターの昇降路等の倒壊または搬器の墜落
・建設用リフトの昇降路等の倒壊または搬器の墜落
・簡易リフト搬器の墜落
・ゴンドラの逸走、転倒、落下またはアームの折損

出向と労災の適用関係について教えてください。

出向労働者が業務災害に遭った場合、出向先の労災保険が適用されます。

　出向には、在籍出向と転籍があります。転籍の場合、在籍していた企業との雇用関係がなくなるため、転籍先の労災保険が適用されます。また、在籍出向の場合の労災保険については、たとえ出向元から賃金が支払われている場合でも、出向先の保険関係によります。したがって、出向労働者が業務災害に遭った場合、出向先の労災保険が適用されることになります。出向や派遣、海外出張・海外派遣と労災保険の適用についてまとめると、下図のようになります。

■ どこの労災保険が適用になるか

出向	出向元に籍を残す場合（在籍出向）と、出向先に籍を移す場合（転籍）がある	出向先の労災保険が適用
派遣	派遣元に籍を置きながら派遣先の指示・命令で働く	派遣元の労災保険が適用
海外出張	労務提供の場は海外だが、身分は国内の事業場に属し、その使用者の指揮に従って勤務する場合	国内の労災保険が適用
海外派遣	身分が海外の事業場に属し、海外の使用者の指揮に従って勤務する場合	国内の労災保険が適用 ※「海外派遣労働者の特別加入」が必要

Question 31 派遣労働について事業者にはどのようなことが求められるのでしょうか。

派遣先・派遣元双方が責任者を選任します。

労働者が会社の正社員やパート社員などとして働く場合、労働者は会社（雇用主）との間で雇用契約を結びます（直接雇用）。その上で、労働者が労働力を提供し、雇用主が労働力に対する対価として賃金を支払います。一方、「労働者派遣」の場合は、直接雇用と比べると少し複雑な雇用関係となります。労働者である派遣社員、派遣社員を雇用している派遣元企業、派遣社員が働く現場となる派遣先企業、という三者が関わる形となるためです。労働者派遣は、労働者が雇用される企業と指揮命令を行う企業が異なることが特徴です。具体的には、派遣社員は派遣元企業と雇用契約を交わした上で、派遣先企業で労働力を提供します。派遣社員に対して業務に関する指揮命令を出すのは派遣先企業ですが、派遣社員に対する賃金は派遣元企業が支払います。

なお、労働者派遣が行われることになった場合、派遣元企業と派遣先企業の間で、派遣元企業が派遣先企業に対して労働者を派遣することを約した「労働者派遣契約」を結びます。

● 安全衛生管理の責任主体

事業者は、事業場（職場）の規模に応じた安全衛生管理体制を整備しなければなりません。派遣社員にとっての事業者は、その派遣社員を雇用する「派遣元企業」を指すのが基本だといえるで

しょう。しかし、派遣社員が働いている事業場での安全面や衛生面について細かい配慮ができるのは、派遣社員を受け入れて就労させている「派遣先企業」だといえます。そこで、労働者派遣法45条では、派遣先企業を「事業者」とみなし、派遣社員を「労働者」とみなすことで、派遣元企業に加えて派遣先企業にも一定の安全衛生管理の責任を負わせています。

そして、安全衛生管理責任について、派遣元企業だけでなく派遣先企業が責任を負担する事項や、派遣先企業のみが責任を負担する事項などの詳細についても、労働者派遣法45条において細かく明示しています。たとえば、事業者は、労働者の雇入時や作業内容を変更させた場合などに、その労働者に対して安全衛生教育を行うことが義務付けられています。労働者派遣の場合は、雇入時や事業場の変更時には派遣元企業が、作業内容の変更時や危険な業務に就かせる場合には派遣先企業が、それぞれ派遣社員に対して安全衛生教育を行うことが義務付けられています。このように、派遣社員の安全衛生を確保するためには、派遣元企業・派遣先企業が連携していくことが重要といえます。

なお、労働者派遣において労働事故が発生した場合は、派遣元企業・派遣先企業のそれぞれが「労働者死傷病報告」を提出する義務があります。

■ **労働者派遣のしくみ**

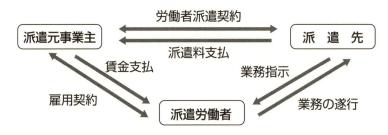

派遣労働者の安全衛生について教えてください。

派遣社員の安全衛生については、原則として派遣元企業と派遣先企業の双方が責任を負います。

　一般に安全衛生管理体制を構築する際は、常時使用する労働者数に応じて設置すべき管理者の種類や人数が決定されます。労働者数のカウント方法について、労働者派遣の場合は、派遣元企業や派遣先企業の双方で、労働者数に派遣労働者数をカウントしなければなりません。ただし、派遣先企業と派遣元企業とでは、負担すべき安全衛生管理体制の責任の種類が若干異なります。

　たとえば、雇入時の安全衛生教育は、雇用主である派遣元企業が行います。安全衛生教育を行う場合は、派遣先企業の協力も必要です。具体的には、派遣元企業が雇入時の安全衛生教育を適切に行えるように、派遣先企業は派遣社員が従事する業務についての情報を積極的に提供する必要があります。また、派遣元企業から安全衛生教育の委託を受けた場合には、その申し出にできる限り応じるように努める必要があります。

　また、雇入時や年1回の一般健康診断も派遣元企業が行うとされています。一方、一定の有害業務に常時従事する派遣労働者に対する特殊健康診断は、派遣先企業が行う必要があります。さらに、機械等の定期自主検査、危険・健康障害防止措置、作業環境測定、化学物質の有害性の調査など、実際の業務に即した事項は

基本的に派遣先企業が行います。

● **派遣元責任者・派遣先責任者とは**

　労働者派遣法では、派遣元企業・派遣先企業に対し、派遣元責任者・派遣先責任者を選任するよう義務付けています。派遣元責任者とは、派遣労働者に対する助言や指導、派遣労働者から申し出を受けた苦情処理などの業務にあたる者です。派遣元責任者講習を受講して3年以内であることや、雇用管理の経験者であることなどの要件を満たした者の中から選任されます。

● **派遣元責任者・派遣先責任者はどんなことをするのか**

　派遣先責任者とは、法令の内容について派遣労働者を指揮する関係者に周知させる業務や、苦情処理などの業務にあたる者です。労働関係法令に関する知識がある、人事・労務管理に関する知識や経験があるなど、職務を遂行できる能力のある派遣先の雇用する労働者の中から選任されます。派遣先責任者の数は、受け入れる派遣労働者の数に比例して配置する必要があります。具体的には、派遣労働者数が1～100人ごとに1人の割合で選任します。

　なお、派遣元責任者・派遣先責任者には、ともに派遣労働者から寄せられる苦情処理の業務があります。派遣社員から苦情や相談を受けた場合は、派遣元責任者・派遣先責任者が連携して対応にあたる必要があります。

　また、派遣元責任者・派遣先責任者の職務には、安全衛生についてお互いに必要な連絡や調整を行うことが含まれています。

　派遣先責任者・派遣元責任者が連絡や調整を行う事項は、前述した苦情処理の対応の他、定期健康診断や特殊健康診断などの実施時期やその内容、実施責任者、異常所見があった場合における就業場所の変更の対応などがあります。その他、雇入時や作業内容変更時の安全衛生教育、特別教育などの実施時期やその内容、実施責任者についても同様です。

●労働者派遣契約書に明記する安全衛生に関する事項

　派遣先企業が派遣社員の使用を希望した場合、派遣元企業と派遣先企業の間では「労働者派遣契約」が締結されます。労働者派遣法では、労働者派遣契約の際に定めるべき内容として、従事する業務の内容や就業場所、派遣期間などの他、安全衛生に関する事項についても定めるように求めています。安全衛生に関する事項として、主に以下の事項があります。

・危険または健康障害を防止するための措置に関する事項
・健康診断の実施等健康管理に関する事項
・換気、採光、照明等作業環境管理に関する事項
・安全衛生教育に関する事項
・免許の取得、技能講習の修了の有無等就業制限に関する事項
・安全衛生管理体制に関する事項
・その他の事項

■ 派遣先責任者の仕事

1	次の事項を派遣労働者の業務の遂行を指揮命令する者等に周知させること ① 労働者派遣法等 ② 労働者派遣契約の定め ③ 派遣労働者の氏名、健康保険被保険者資格取得確認等
2	労働者派遣契約の締結後に派遣期間を定めまたは変更したときに、派遣元事業主に対し、派遣可能期間に抵触することとなる最初の日を通知すること、および派遣先管理台帳に関すること
3	派遣労働者から申し出を受けた苦情処理にあたること
4	派遣労働者の安全および衛生に関し、事業所の労働者の安全および衛生に関する業務を統括管理する者および派遣元事業主との連絡調整を行うこと
5	派遣元事業主との連絡調整に関すること

派遣労働者に労災が発生した場合の対処法について教えてください。

被災した派遣労働者に対する補償責任は派遣元が負います。

　労働者派遣法では、派遣労働者が被った業務災害の補償責任は派遣元企業にあるとしています。これは、派遣労働者と雇用契約を結んでいるのは派遣元企業であるためです。したがって、派遣先業務で労災事故に被災して死亡した場合や負傷した場合には、派遣元企業の労災保険が適用されることになります。

　ただし、労働安全衛生規則97条に基づく「労働者死傷病報告」（労働者が労災事故によって死亡または休業したときに事業者が提出することを義務付けられている報告書）は、前述のように派遣先および派遣元の双方に提出義務があります。被災した派遣労働者を補償する責任は派遣元にあるものの、実際に被災した状況を把握しているのは派遣先であるからです。そのため、派遣元・派遣先の両事業者において責任者を選任し、相互に派遣労働者の安全衛生に関して、意見の連絡・調整が必要になります。具体的な手順としては、労災事故が発生した際の状況を把握している派遣先が死傷病報告を作成し、所轄労働基準監督署長に提出し、その写しを派遣元に送付します。

　派遣元はその写しの内容をふまえて死傷病報告を作成し、所轄労働基準監督署長に提出する必要があります。

第6章

安全衛生関連の書式と労災保険などの手続き

労働安全衛生法違反の罰則

罰則の種類

　労働安全衛生法第12章には罰則規定があり、労働安全衛生法違反の内容に応じて、違反行為者を以下の刑罰に処することにしています。さらに、③～⑥の違反行為者が事業者の代表者または従業者（労働者）である場合は、事業者も各々の犯罪の罰金刑に処せられます（122条）。これを両罰規定といいます。
　たとえば、A会社の代表者が③に該当する違反行為をした場合、代表者が3年以下の懲役または300万円以下の罰金に処せられるとともに、A会社も300万円以下の罰金に処せられます。

① 　7年以下の懲役

　特定業務（製造時等検査、性能検査、個別検定、型式検定の業務）を行っている特定機関（登録製造時等検査機関、登録性能検査機関、登録個別検定機関、登録型式検定機関）の役員または職員が、職務に関して賄賂の収受、要求、約束を行い、これによって不正の行為をし、または相当の行為をしなかったとき

② 　5年以下の懲役

・特定業務に従事する特定機関の役員または職員が、職務に関して賄賂の収受、要求、約束をしたとき
・特定機関の役員または職員になろうとする者や、過去に役員または職員であった者が、一定の要件の下で、賄賂の収受、要求、約束をしたとき

③ 　3年以下の懲役または300万円以下の罰金

　黄りんマッチ、ベンジジン等、労働者に重度の健康障害を生ずる物を製造、輸入、譲渡、提供、使用したとき

④ 　1年以下の懲役または100万円以下の罰金

- ボイラー、クレーンなどの特定機械等を製造する際に許可を受けていないとき
- 小型ボイラーなどの機械を製造・輸入する際に個別検定・型式検定を受けていないとき
- ジクロルベンジジン等、労働者に重度の健康障害を生ずるおそれのある物を製造許可を受けずに製造したとき

⑤ 6か月以下の懲役または50万円以下の罰金
- 労働災害を防止するための管理を必要とする作業で、定められた技能講習を受けた作業主任者を選任しなかったとき
- 危険防止や健康障害防止等に必要な措置を講じなかったとき
- 労働者に危険や健康障害を生ずるおそれのあるものを譲渡または提供する際に、必要な事項を表示しなかったとき
- 事業場の違反行為を労働基準監督署等に申告した労働者に対して不利益な取扱い(解雇など)をしたとき

⑥ 50万円以下の罰金
- 安全管理者、衛生管理者、産業医などを選任しなかったとき
- 労働基準監督署長等から求められた報告をせず、または出頭を命ぜられたのに出頭をしなかったとき

■ 労働安全衛生法違反の罰則

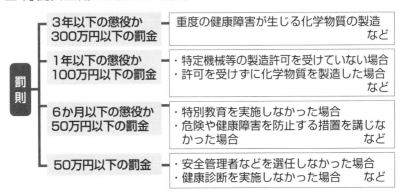

安全衛生の書式

安全衛生管理規程の作成

　労働安全衛生法や労働安全衛生規則では、事業場で働く労働者の安全を確保するための措置として事業者が守るべき事項について詳細に規定されています。昨今では、業務の内容が多様化したことで商品の生産工程が複雑になるケースがあります。職場内で何らかの事故が発生した場合、複雑な生産工程をとっている場合、事故の原因を突き止めることが困難になると予想されます。

　また、新しい設備を導入する場合や、新たな化学物質の出現も、こうした危険要因を把握することが困難な要因になっています。

　こうした状況の中で、事業者が積極的に安全衛生管理に関わるための手段のひとつとなるのが安全衛生管理規程の作成です。安全衛生管理規程を作成し、これを労働者に徹底的に周知させ順守してもらうことで、労働災害を未然に防止することができます。

　安全衛生管理規程を作成する場合、まずは事業場の安全管理体制を万全な状態に構築する必要があります。場合によっては、安全衛生委員会などの機関を定め、意見を聴くことも必要な手段となります。作業環境の維持、管理、整備はもちろんのこと、健康診断も重要な事項です。

　そして、安全衛生管理規には、もうひとつ事業者にとって大きなメリットがあります。万が一労働災害が発生した場合でも、安全衛生管理規程を作成していることで、日頃から事業者が労働者の安全衛生管理に配慮していたことを証明することができます。

　ここで説明した安全衛生に関する規定は会社の就業規則へ記載する相対的必要記載事項（定め自体は義務ではないものの、会社の中で定めがあれば就業規則に記載をすることが必要な記載事

項）に該当するため、安全衛生に関する規定を置いた場合には、それを必ず就業規則に記載しなければなりません。

労働者死傷病報告書の提出

労働者が業務中にケガをして死亡した場合、または4日以上の休業をした場合は、事業者（使用者）に対して「労働者死傷病報告書」の提出が義務付けられています。

「労働者死傷病報告書」の提出の目的は、使用者側から労働者死傷病報告書を提出してもらうことによって、「どのような業種で、どのような労働災害が起こっているのか」を監督官庁側で把握することにあります。これによって、事故の発生原因の分析や統計を取り、労働災害の再発防止の指導などに役立たせています。

■ **安全衛生管理規程の内容**

安全衛生管理規程

- **事業場における安全管理体制**
  - ◆ 安全衛生管理者・安全管理者・衛生管理者等の選任・職務
  - ◆ 安全衛生委員会の開催・任務

- **事業場における安全衛生教育**
  - ◆ 教育方針や内容など

- **事業場における安全衛生点検**
  - ◆ 災害予防のための自主検査
  - ◆ 定期的な巡視点検

- **健康診断**
  - ◆ 雇入時健康診断、定期健康診断等の実施
  - ◆ 健診結果に応じた医師や産業医の適切な指導

労働者死傷病報告書は、事故発生後に遅滞なく所轄の労働基準監督署長に提出します。休業が4日以上続いた場合と休業が4日未満の場合（業務中のケガによる休業が4日未満の場合は、前3か月分の業務災害をまとめて4月、7月、10月、翌年1月のいずれかの月に提出することになります）では提出する書式が異なります。添付書類についての定めは特になく、事故などの災害の発生状況を示す図面や写真などがあれば添付します。なお、通勤途中のケガの場合には、休業日数に関係なく「労働者死傷病報告書」の提出は不要です。

事故報告書の提出

　人身事故ではない場合でも、以下に挙げる物損事故が生じた場合は、所轄の労働基準監督署長に「事故報告書」を提出する必要があります。対象となる事故は労働安全衛生規則96条に定められており、主な内容は以下の通りです。
- 事業場内または附属建設物内で発生した火災、爆発の事故
- 事業場内またはその附属建設物内で発生した遠心機械、研削といしその他の高速回転体の破裂
- 事業場内またはその附属建設物内で発生した機械集材装置の鎖の切断や建設物の倒壊などの事故
- ボイラーの破裂
- クレーンや移動式クレーン、デリックの倒壊、ワイヤーロープの切断など

　事故が発生した場合には、遅滞なく「事故報告書」を所轄の労働基準監督署長に提出します。実際に事故が発生してしまった場合には、冷静に応急の措置をするとともに素早く的確に事故の状況を把握し、その内容を具体的に漏れなく報告することが必要です。原因となった機械を特定し、その概要について記入した上で、

事故再発の防止対策もあわせて記入します。

事故報告書についても特定の添付書類はないものの、事故の発生状況や原因などの詳細記載が必要です。記入欄に書ききれない場合は、別紙を利用して添付します。

提出が求められる書式

労働安全衛生法では、事業場の業種や規模に応じた措置として、以下の書式の提出が求められる場合があります。

・定期健康診断結果報告書（230ページ）

常時50人以上の労働者を使用している会社において、健康診断を行ったときに「定期健康診断結果報告書」を提出します。

・安全衛生教育実施結果報告（231ページ）

指定を受けた事業場における事業者は、前年度における安全衛生教育（雇入時・作業内容変更時の教育、特別教育、職長教育）の実施状況を「安全衛生教育実施結果報告」により毎年度報告する必要があります。作成時は、教育の種類ごと（雇入時・作業内

■ 業務災害発生時の補償

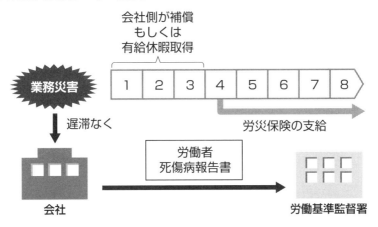

容変更時の教育、特別教育、職長教育）に作成し、学科、実技などの教育方法について記入します。

- **総括安全衛生管理者・安全管理者・衛生管理者・産業医選任報告（232ページ）**

　一般の会社の安全衛生管理体制では、一定の業種、規模（労働者数）の事業場について管理責任者の選任と委員会の組織化を求めています。なお、選任時には報告が必要です。

- **建設物・機械等設置・移転・変更届（233ページ）**

　一部を除く製造業、電気業、ガス業、自動車整備業、機械修理業の事業者で、電気使用設備の定格容量の合計が300キロワット以上の事業場は、事業場に係る建設物または機械等の設置や移転、主要構造部分の変更時、または足場、型わく支保工や衛生設備等の設置時は、その計画について工事開始の30日前までに労働基準監督署長に届け出なければなりません。届出書には計画の概要について簡潔に記入し、製造または取り扱う物質については、有害な物質が明確にわかるように記入し、取扱量は日、週、月など、一定の期間に通常取り扱う量を記入します。そして、事業場の周囲の状況および四方の隣接地との関係を示す図画等を添付します。

- **建設工事・土石採取計画届（234ページ）**

　高さ31mを超える建築物の建設等の業務や掘削の高さまたは深さが10m以上である地山の掘削作業、あるいは土石採取のための掘削作業を行う場合は、工事開始日の14日前までに、所轄労働基準監督署長にその計画を届け出る必要があります。仕事の範囲を記入する時は、労働安全衛生規則90条各号の区分により記入し、計画の概要は簡潔に記入します。

　土石採取計画届の提出時は、仕事を行う場所の周囲の状況および四方の隣接地との関係を示す図画、機械、設備、建設物等の配置を示す図面、採取の方法を示す書面または図画、労働災害を防

止するための方法および設備の概要を示す書面または図画を添付します。

・クレーン設置届（235ページ）

つり上げ荷重が3t以上のクレーン（スタッカークレーンは1t以上）を設置あるいは変更、移転をしようとする事業者および廃止したクレーンを再び設置しようとする事業者、性能検査を受けずに6か月以上経過したクレーンを再び使用しようとする事業者は、「クレーン設置届」を所轄労働基準監督署長に提出しなければなりません。

クレーン設置届の届出時には、クレーン明細書、クレーンの組立図、クレーンの種類に応じた構造部分の強度計算書ならびに据え付ける箇所の周囲の状況、基礎の概要、走行クレーンは走行の範囲を記載した書面を添付します。

■ 各書類の名称、提出事由・時期

書類名	提出事由	提出時期
定期健康診断結果報告書	常時50人以上の労働者を使用する場合	健康診断実施時
安全衛生教育実施結果報告	雇入時、作業内容の変更時、特別教育、職長教育を行った場合	毎年度
総括安全衛生管理者・安全管理者・衛生管理者・産業医選任報告	選任の必要が生じた場合	遅滞なく
建設物・機械等設置・移転・変更届	電気使用設備の定格容量の合計が300キロワット以上の事業場	工事開始の30日前まで
建設工事・土石採取計画届	高さ31mを超える建築物の建設業務・掘削の高さ（深さ）10m以上の地山の掘削作業、土石採取のための掘削作業時	工事開始の14日前まで
クレーン設置届	つり上げ荷重3t以上のクレーン（スタッカークレーン1t以上）の設置・変更・移転時	工事開始の30日前まで

書式　安全衛生管理規程

安全衛生管理規程

第1章　総則

第1条（目的）本規程は、就業規則の定めに基づき、従業員の安全管理、衛生管理に関する事項について定めたものであり、従業員の安全と健康を確保し、もって業務の円滑な運営を図ることを目的とする。

第2条（遵守義務）会社は、労働安全衛生法その他の安全衛生に関する法令を遵守し、従業員の安全衛生の確保および職場環境の改善向上を図るため必要な措置を講ずる。

2　従業員は、安全衛生に関する法令および会社の指揮命令を遵守し、会社と協力して労働災害の防止および職場環境の改善向上に努めなければならない。

第2章　安全衛生

第3条（安全衛生委員会）安全衛生に関する事項を調査、審議するために安全衛生委員会を設置する。安全衛生委員会について必要な事項は別に定める。

第4条（安全衛生教育）会社は、従業員に対し、採用時および配置転換等により従事業務の内容を変更したときは、業務上必要な安全衛生教育を行う。安全衛生教育の具体的内容については、危険有害業務に関し法令に別段の定めのある場合を除き、当該業務の具体的内容に応じて会社が定める。

第5条（安全管理者および衛生管理者）安全および衛生にかかる技術的事項を担当させるために、法令で定める資格を有する者の中から安全管理者および衛生管理者を選任する。

第6条（作業環境の維持管理）安全管理者および衛生管理者は作業場における安全衛生水準の向上を図り、快適な作業環境の実現に努めるとともに、健康に対する障害を防止するための適切な措置を講じなければならない。

第7条（事故発生時の措置） 事故を発見した者は適宜の措置をするとともに、直ちに所属長または安全管理者に報告しなければならない。

2 安全管理者は前項の事故が発生したときは、法令の定めに基づき遅滞なく労働基準監督署に報告することを要する。

第3章　危険有害要因の発見および措置

第8条（死傷病の報告） 会社は、労働災害により従業員が死亡または休業したときは、法令の定めに基づき遅滞なく労働基準監督署に報告することを要する。

第9条（健康診断） 会社は、従業員を対象として、採用時および毎年1回定期に健康診断を実施する。

2 会社は、法令で定められた有害業務に従事する従業員を対象として、前項に定める健康診断に加えて、特別の項目に関わる健康診断を実施する。

3 従業員は、会社の行う健康診断を拒否してはならない。但し、やむを得ない事情により会社の行う健康診断を受け得ない従業員は、所定の診断項目について他の医師による健康診断書を提出するものとする。

4 従業員は、自身の健康状態に異常がある場合は、速やかに会社に申し出るものとする。また、必要に応じて医師等の健康管理者より指導等を受けなければならないものとする。

5 従業員は、労働安全衛生法第66条の10の規定に基づくストレスチェックおよび面接指導の実施を求められた場合は、その指示に従うよう努めるものとする。なお、ストレスチェックおよび面接指導の詳細については、別途作成する規定によるものとする。

第10条（就業制限等） 前条の健康診断の結果、必要と認められるときは、一定期間の就業禁止、就業時間短縮、配置転換その他の方法により、健康保持に必要な措置を命ずることがある。

2 健康診断の結果判明した疾病が業務外の原因に基づくものであるときは、就業禁止を命じたことによる欠勤は私傷病欠勤として扱う。

第11条（届出義務）従業員は、本人または家族その他の同居人が伝染病に罹患し、またはその疑いがあるときは、直ちに、その旨を届け出なければならない。

2 　前項の場合、会社は、適当な予防措置を指示することがある。

第12条（秘密の保持）会社および健康診断の実施に従事した従業員は、健康診断その他により判明した従業員の心身の疾病に関する情報について、正当の理由なく第三者に漏らしてはならない。また、前条の届出により判明した情報についても同様である。

第13条（申告・提案）従業員は、職場において危険有害要因を発見したときは、所属長を通じて会社に改善を求めることができる。また、職場環境の改善向上に必要と思われる措置の提案をすることができる。

2 　前項の申告または提案を受けた所属長は、その内容を調査し、対応措置の必要性および措置内容を検討の上、会社に報告しなければならない。会社は、報告受理の上、関係法令への抵触その他の事項を勘案して対応を決定する。

3 　所属長は、本条１項の申告をした従業員に対して不利益な取扱いをしてはならない。

附　則

1 　この規程は平成30年２月９日に改正し、同日実施する。
2 　この規程の主管者は総務部門長とする。
3 　この規程を改廃する場合は、「過半数従業員の選出に関する規程」に基づいて選出された従業員の過半数代表者の意見を聴いて行う。

（制定・改廃記録）

制定　平成22年４月
改正　平成30年２月９日

書式　労働者死傷病報告

様式第23号（第97条関係）（表面）

労働者死傷病報告

労働保険番号	81001　13 407 109876 123
事業の種類	建設業
事業場の名称（カナ）	トウザイケンセツカブシキカイシャ
事業場の名称（漢字）	東西建設株式会社
工事名	国道7号線舗装工事
事業場の所在地	東京都新宿区中央2-6-5　電話 03-3333-0123
元方事業者名	関東・東西建設共同企業体
郵便番号	160-0001
労働者数	345人
発生日時	平成29年7月5日19時30分
被災労働者氏名（カナ）	カナヤマ　ヨウイチ
被災労働者氏名（漢字）	神奈山　洋一
生年月日	昭和37年2月24日（54歳）
性別	男
職種	工事
経験期間	18年
休業見込期間	03月週日
傷病名	左足首骨折
傷病部位	左足首
被災地の場所	東京都世田谷区

災害発生状況及び原因

国道7号線のガス工事後のアスファルト舗装を担当する東西建設株式会社に所属する被災者は災害当日、ローラー車の前にアスファルトを散布していた。被災者が足を滑らし転倒したところ、ローラー車は、急ブレーキをかけたが、間に合わず、被災者の左足首に乗りあげてしまい、骨折させた。

報告書作成者　職氏名　労務課課長　赤山三郎

平成30年 2月 9日

新宿 労働基準監督署長殿

事業者職氏名　東西建設株式会社
代表取締役　市川幸一 ㊞

受付印

（物品番号 648006) 22.3

第6章 ● 安全衛生関連の書式と労災保険などの手続き　227

書式　労働者死傷病報告（休業が4日未満の場合）

様式第24号（第97条関係）

労働者死傷病報告

事業の種類	事業場の名称（建設業にあっては工事名を併記のこと。）	事業場の所在地	電話	労働者数
事務用品卸売業	株式会社南北商会	新宿区東新宿1-2-3	03(1234)5678	167名

平成29年10月から30年1月まで

被災労働者の氏名	性別	年齢	職種	派遣労働者の場合は欄に○	発生月日	傷病名及び傷病の部位	休業日数	災害発生状況
黒田 裕一	⊕男・女	35歳	商品管理		1月11日	左手中指骨折	1日	機材の運搬中に荷物がくずれ強打したもの
白井 京子	男・⊕女	58歳	清掃員	○	1月13日	脳しんとう	2日	はしごから降りようとしたところ、滑り転倒したもの
	男・女	歳			月 日		日	
	男・女	歳			月 日		日	
	男・女	歳			月 日		日	
	男・女	歳			月 日		日	

報告書作成者職氏名　職名 総務課長　氏名 西村一郎

平成30年2月9日

事業者職氏名　株式会社南北商会
　　　　　　　代表取締役　南山次郎　㊞

新宿　労働基準監督署長　殿

備考　派遣労働者が被災した場合、派遣先及び派遣元の事業者は、それぞれ所轄労働基準監督署に提出すること。
　　　氏名を記載し、押印することに代えて、署名することができる。

書式 事故報告書（安全衛生規則第96条関係）

様式第22号（第96条関係）

事 故 報 告 書

事業場の種類	事業場の名称（建設業にあっては工事名併記のこと）	労働者数
建設業	株式会社 大東京工業 羽田町地内水道管交換工事	60人

事業場の所在地	発生場所
東京都大田区羽田中央1-1-1 （電話 03-3123-4567 ）	東京都大田区羽田東 5-5-5

発生日時	事故を発生した機械等の種類等
平成30年2月7日 10時00分	トラック搭載クレーン（吊上荷重2.9t）

構内下請事業の場合は親事業場の名称 建設業の場合は元方事業場の名称	大日本建設株式会社 東京支店

事故の種類	ワイヤーロープの切断

	区分		死亡	休業4日以上	休業1〜3日	不休	計		区分	名称、規模等	被害金額
人的被害	事故発生事業場の被災労働者数	男	0	0	1	2	3	物的被害	建物	m²	円
									その他の建設物		円
		女							機械設備	ワイヤーロープ切断	150,000円
									原材料		円
	その他の被災者の概数	なし （ ）							製品		円
									その他		円
									合計		円

事故の発生状況	トラック搭載クレーンの荷台から水道管10m（約500kg）を玉掛けし、設置予定箇所に降ろそうとしたところ、作業員に当たりそうになったため、巻き上げ操作を行ったところワイヤーロープが切断した。
事故の原因	急激な巻き過ぎにより、劣化していたワイヤーロープが切断したこと。事前点検において劣化を発見できなかったこと。
事故の防止対策	作業開始前の異常点検の徹底。 吊り荷の下に作業員を立ち入らせないこと。
参考事項	巻き過ぎ警報装置が正常に作動することにより、ワイヤーロープの切断事故が防げるので、作業開始前に作動を確認する。
報告書作成者職氏名	総務部長 山梨 吉雄

平成 30 年 2 月 9 日

大田 労働基準監督署長 殿　　事業者 職 氏名　株式会社 大東京工業
代表取締役 東京 太郎 ㊞

備考
1 「事業の種類」の欄には、日本標準産業分類の中分類により記入すること。
2 「事故の発生した機械等の種類等」の欄には、事故発生の原因となった次の機械等について、それぞれ次の事項を記入すること。
　(1) ボイラー及び圧力容器に係る事故については、ボイラー、第一種圧力容器、第二種圧力容器、小型ボイラー又は小型圧力容器のうち該当するもの。
　(2) クレーン等に係る事故については、クレーン等の種類、型式及びつり上げ荷物又は積載荷重。
　(3) ゴンドラに係る事故については、ゴンドラの種類、型式及び積載荷重。
3 「事故の種類」の欄には、火災、鎖の切断、ボイラーの破裂、クレーンの逸走、ゴンドラの落下等具体的に記入すること。
4 「その他の被災者の概数」の欄には、届出事業者の事業場の労働者以外の被災者の数を記入し、（ ）内には死亡者数を内数で記入すること。
5 「建物」の欄には構造及び面積、「機械設備」の欄には台数、「原材料」及び「製品」の欄にはその名称及び数量を記入すること。
6 「事故の防止対策」の欄には、事故の発生を防止するために今後実施する対策を記入すること。
7 「参考事項」の欄には、当該事故において参考になる事項を記入すること。
8 この様式に記載しきれない事項については、別紙に記載して添付すること。
9 氏名を記載し、押印することに代えて、署名することができる。

書式　定期健康診断結果報告書

様式第6号(第52条関係)(表面)

定期健康診断結果報告書　《記入要領は裏面参照》

労働保険番号: 80311

府県	所掌	管轄	基幹番号	枝番号	被一括事業場番号

対象年: 7:平成 → 元号 7 2 9 年 (1月〜12月分) (報告 1回目)

健診年月日: 7:平成 → 元号 7 29 年 12 月 15 日

事業の種類: 卸売業

事業場の名称: 株式会社 東西商事

事業場の所在地: 郵便番号 (101-0101) 東京都中央区中央1-1-1　電話 03(2468)1357

健康診断実施機関の名称: 中央健診センター

健康診断実施機関の所在地: 中央区中央2-4-6

在籍労働者数: 74人

受診労働者数: 74人

(＊) 労働安全衛生規則第13条第1項第2号に掲げる業務に従事する労働者数(右に詰めて記入する)

イ	ロ	ハ	ニ	ホ
ヘ	ト	チ	リ	ヌ
ル				計

健康診断項目

	実施者数	有所見者数		実施者数	有所見者数
聴力検査(オージオメーターによる検査)(1000Hz)	74		肝機能検査	74	3
聴力検査(オージオメーターによる検査)(4000Hz)	74		血中脂質検査	74	
聴力検査(その他の方法による検査)			血糖検査	74	
胸部エックス線検査	74	7	尿検査(糖)	74	
喀痰検査		6	尿検査(蛋白)	74	
血圧			心電図検査	4	2
貧血検査	4				

所見のあった者の人数: 12　医師の指示人数: 2

歯科健診　実施者数: 　　有所見者数:

産業医 氏名: 山中一郎 ㊞

所属医療機関の名称及び所在地: 山中クリニック　中央区中央3-1-16

平成30年1月11日

中央 労働基準監督署長殿

事業者職氏名: 代表取締役　南川次郎 ㊞

受付印

社長又は事業場の長(支店長、営業所長など)の役職名、氏名及び押印が必要です　(物品番号 647005) 21.12

書式　安全衛生教育実施結果報告

安全衛生教育実施結果報告
様式第4号の5（第40条の3関係）　　　平成28年4月1日から平成29年3月31日まで

事業場の名称	株式会社 大東京工業		事業場の所在地	東京都大田区羽田中央1-1-1			
教育の種類	㋑ 雇入れ時の教育　　ロ 作業内容変更時の教育　　ハ 特別の教育　　ニ 職長等の教育		性別／労働者数	男	女	計	教育を省略した理由
教育実施月日	平成28年4月1日～平成28年4月7日		全労働者数	50	10	60	前職で10年にわたり、建設業に従事し、雇入れ時の教育内容については熟知している。
	平成28年10月1日～平成28年10月7日		教育の対象となる労働者数	8	2	10	
	年　月　日～　年　月　日		教育を省略できる労働者数	2	0	2	
	年　月　日～　年　月　日		教育を実施した労働者数	6	2	8	
教育内容				教育実施担当者			
科目又は事項	教育方法	教育内容の概要	教育時間	使用教材等	氏名	職名	資格
機械の扱い方法　保護具の性能　作業手順　作業開始時の点検　疾病の原因と予防　整理整頓　事故時の応急措置及び避難　その他	学科／実技　学科　学科／実技　学科／実技　学科　学科／実技　学科／実技　学科／実技	労働者が使用する機械の危険性等を周知し、危険を避けるための保護具の取扱い方法、作業手順、点検について教え、整理整頓の必要性、緊急時の退避方法、その他安全鋭意制に関する事項	40時間	当社安全衛生マニュアル	大阪一郎	工場長	一級建築士

平成28年4月8日

　　　　　　　　　　　　　　　事業者　職　氏名　株式会社 大東京工業
　　　　　　　　　　　　　　　　　　　　　　　　代表取締役 東京　太郎 ㊞

大田 労働基準監督署長　殿

（備考）
1　この報告は、教育の種類ごとに作成すること。
2　「教育の種類」の欄は、該当事項を○で囲むこと。
3　「教育の内容」及び「教育実施担当者」の欄は、報告に係る期間中に実施された教育のすべての科目又は事項について記入すること。
4　「教育方法」欄は、学科教育、実技教育、討議等と記入すること。
5　労働安全衛生規則第40条の3第1項の規定により作成した安全衛生教育の計画を添付すること。
6　氏名を記載し、押印することに代えて、署名することができる。

書式　総括安全衛生管理者・安全管理者・衛生管理者・産業医選任報告

様式第3号（第2条、第4条、第7条、第13条関係）

総括安全衛生管理者・安全管理者・衛生管理者・産業医選任報告

労働保険番号	80401	府県 13	所掌 1	管轄 05	基幹番号 0123450	枝番号 00	被一括事業場番号

事業場の名称	株式会社 東西商事	事業の種類	卸売業	衛生管理者の場合	坑内労働又は有害業務（労働基準法施行規則第18条各号に掲げる業務）に従事する労働者数	0人
事業場の所在地	郵便番号（101-0101）東京都中央区中央1-1-1				労働基準法施行規則第3号から第5号まで若しくは第9号に掲げる業務に従事する労働者数	0人
電話番号	03-2468-1357	労働者数	74人	計 人	産業医の場合は、労働安全衛生規則第13条第1項第2号に掲げる業務に従事する労働者数	

フリガナ	ホッカイ　カズオ
被選任者氏名	北海　一男

選任年月日	7:平成　元号 7　年 29　月 11　日 01	生年月日	3:昭和　元号 5　年 41　月 03　日 09	選任種別	3	1.総括安全衛生管理者 2.安全管理者 3.衛生管理者（4以外の者） 4.衛生管理者（衛生工学管理担当） 5.産業医

安全管理者又は衛生管理者の場合は担当すべき職務	衛生管理一般に関すること	専属の別	1	1.専属 2.非専属	他の事業場に勤務している場合は、その勤務先	
		専任の別	2	1.専任 2.兼職	他の業務を兼職している場合は、その業務	総務部長

総括安全衛生管理者又は安全管理者の場合は経歴の概要	

産業医の場合は医籍番号等	種別 □-□□□□□□□□□

フリガナ	
前任者氏名	
辞任、解任等の年月日	7:平成
参考事項	

平成29年 11月 10日

中央 労働基準監督署長殿

事業者職氏名　代表取締役　南川次郎 ㊞

受付印

（物品番号 648005）22.6

書式　建設物・機械等設置・移転・変更届

様式第20号(第85条、第86条関係)

~~建設物~~／機械等　設置・~~移転~~・~~変更~~届

事業の種類	機械修理工	事業場の名称	株式会社 新東京工業	常時使用する労働者数	60人

設置地		主たる事務所の所在地	東京都大田区羽田東2-4-6　電話　03　(3123) 0123

計画の概要	建材の塗装を行うため、有機溶剤より揮発したガスの排出のための局所排気措置の設置を行う。

製造し、又は取り扱う物質等及び当該業務に従事する労働者数	種類等	取扱量	従事労働者数		
			男	女	計
	第二種有機溶剤等	1Kg／月	5名	0名	5名

参画者の氏名		参画者の経歴の概要		電気使用設備の定格容量	100 kW

工事着手予定年月日	平成29年6月10日	工事落成予定年月日	平成29年6月17日

平成29年5月1日

事業者職氏名　株式会社 新東京工業
代表取締役　東京　一郎　㊞

大田　労働基準監督署長　殿

備考
1　表題の「建設物」及び「機械等」並びに「設置」、「移転」及び「変更」のうち、該当しない文字を抹消すること。
2　「事業の種類」の欄は、次の業種を除き、日本標準産業分類の中分類により記入すること。
　　化学調味料製造業　動植物油脂製造業　紡績業　染色整理業　紙加工品製造業　セロファン製造業　新聞業　出版業　製本業　印刷物加工業　機械修理業
3　「設置地」の欄は、「主たる事務所の所在地」と同一の場合は記入を要しないこと。
4　「計画の概要」の欄は、建設物又は機械等の設置、移転又は変更の概要を簡潔に記入すること。
5　「製造し、又は取り扱う物質等及び当該業務に従事する労働者数」の欄は、別表第7の13の項から25の項まで(22の項を除く。)の上欄に掲げる機械等の設置等の場合に記入すること。
　　この場合において、以下の事項に注意すること。
　イ　別表第7の21の項の上欄に掲げる機械等の設置等の場合は、「種類等」及び「取扱量」の記入は要しないこと。
　ロ　「種類等」の欄は、有機溶剤等にあってはその名称及び有機溶剤中毒予防規則第1条第1項第3号から第5号までに掲げる区分を、鉛等にあってはその名称を、焼結鉱、煙灰又は電解スライムの別を、四アルキル鉛等にあっては四アルキル鉛又は加鉛ガソリンの別を、粉じんにあっては粉じんとなる物質の種類を記入すること。
　ハ　「取扱量」の欄には、日、週、月等一定の期間に通常取り扱う量を記入し、別表第7の14の項の上欄に掲げる機械等の設置等の場合は、鉛等又は焼結鉱の種類ごとに記入すること。
　ニ　「従事労働者数」の欄は、別表第7の14の項、15の項、23の項及び24の項の上欄に掲げる機械等の設置等の場合は、合計数の記入で足りること。
6　「参画者の氏名」及び「参画者の経歴の概要」の欄は、型枠支保工又は足場に係る工事の場合に記入すること。
7　「参画者の経歴の概要」の欄には、参画者の資格等に関する職歴、勤務年数等を記入すること。
8　別表第7の22の項の上欄に掲げる機械等の設置の場合は、「事業場の名称」の欄には建築物の名称を、「常時使用する労働者」の欄には利用事業ъ及び利用労働者数を、「設置地」の欄には建築物の住所を、「計画の概要」の欄には建築物の用途、建築物の大きさ(延床面積及び階数)、設備の種類(空気調和設備、機械換気設備の別)並びに換気の方式を記入し、その他の事項については記入を要しないこと。
9　この届出に記載しきれない事項は、別紙に記載して添付すること。
10　氏名を記載し、押印することに代えて、署名することができる。

書式　建設工事・土石採取計画届

建設工事
土石採取　計画届

様式第21号（第91条、第92条関係）

事業の種類	事業場の名称	仕事を行う場所の地名番号	
建設業	株式会社 大東京工業	東京都大田区羽田東2-20-3 電話　03（3123）8901	
仕事の範囲	労働安全衛生規則第90条第1号 （高さ31mを超える建築物等の建設等の仕事）	採取する土石の種類	
発注者名	関東不動産株式会社	工事請負金額	100,000,000 円
仕事の開始 予定年月日	平成29年5月20日	仕事の終了 予定年月日	平成29年12月25日
計画の概要	鉄骨造（一部、鉄骨鉄筋コンクリート造） 地下1階、地上10階　延べ面積 10,000 ㎡ 高さ65.0m（軒高 60m、ペントハウス 5m）		
参画者の氏名	東京　太郎	参画者の経歴の概要	一級建築士免許番号　第654321号 建築工事における安全衛生の実務経験5年（経歴の詳細は別紙）
主たる事務所の所在地	東京都大田区羽田中央1-1-1 　　　　　　電話　03（3123）4567		
使用予定労働者数　10人	関係請負人の予定数　100人	関係請負人の使用する労働者の予定数の合計　110人	

平成 29 年 5 月 1 日

厚生労働大臣　殿
大田　労働基準監督署長

　　　　　　　　　　株式会社 大東京工業
事業者職名　代表取締役
氏　　名　　東京　太郎　㊞

備考
1　表題の「建設工事」及び「土石採取」のうち、該当しない文字を抹消すること。
2　「事業の種類」の欄は、次の区分により記入すること。
　建 設 業　水力発電所等建設工事　ずい道建設工事　地下鉄建設工事　鉄道軌道建設工事
　　　　　　橋りょう建設工事　道路建設工事　河川土木工事　砂防工事　土地整理土木工事
　　　　　　その他の土木工事　鉄骨鉄筋コンクリート造家屋建設工事　鉄筋造家屋建築工事
　　　　　　建築設備工事　その他の建築工事　電気工事　機械器具設置工事　その他の設備工事
　土石採取業　採石業　砂利採取業　その他土石採取業
3　「仕事の範囲」の欄は、労働安全衛生規則第90条各号の区分により記入すること。
4　氏名を記載し、押印することに代えて、署名することができる。

書式　クレーン設置届

様式第2号 (第5条関係)

クレーン設置届

事 業 の 種 類	建設業	
事 業 の 名 称	株式会社 大東京工業	
事 業 場 の 所 在 地	東京都大田区羽田中央1-1-1	電話(03-3123-4567)
設 置 地	東京都大田区羽田中央2-3-5	
種 類 及 び 型 式	クラブトロリ式天井クレーン	つり上げ荷重 100 t
製造許可年月日及び番号	平成30年 1月 15日 東京労働局第999号 ( )	
設置工事を行う者の名称及び所在地	大日本建設株式会社　東京都大田区西羽田6-5-6	電話(03-3123-5678)
設置工事落成予定年月日	平成 30 年 7 月 10 日	

平成 30 年 2 月 9 日

大田 労働基準監督署長 殿

事業者 職氏名　株式会社 大東京工業
代表取締役
東京 太郎　㊞

備考
1 「事業の種類」の欄は、日本標準産業分類(中分類)による分類を記入すること。
2 「製造許可年月日及び番号」の欄の( )内には、すでに製造許可を受けているクレーンと型式が同一であるクレーンについて、その旨を注記すること。
3 氏名を記載し、押印することに代えて、署名することができる。

第6章 ● 安全衛生関連の書式と労災保険などの手続き　235

労災保険

労災保険の適用

労災保険は、労働者を保護するための保険です。正社員やパート、日雇労働者などの雇用形態は関係なく、労働者であれば適用されます。ただし、会社の代表取締役などは労働者ではなく「使用者」であるため、労災保険は適用されません。

また、代表権をもたない工場長や部長などの兼務役員には適用されます。つまり、労働者かどうかは、①使用従属関係があるか、②会社から賃金の支払いを受けているか、の2つの要素によって決まります。

特別加入

本来、労災保険が適用されない会社の代表者や個人事業主などであっても、現実の就労実態から考えて一定の要件に該当する場合には、例外的に特別に労災保険から補償を受けることができます。この制度を特別加入といいます。特別加入することができる者は、以下の①～③の3種類に分けられています。

① **第1種特別加入者**

中小企業の事業主（代表者）とその家族従事者、その会社の役員が第1種特別加入者となります。ただ、中小企業（事業）の範囲を特定するために常時使用する労働者の数に制限があり、業種によって異なります。

第1種特別加入者として特別加入するためには、ⓐその者の事業所が労災保険に加入しており、労働保険事務組合に労働保険事務を委託していること、ⓑ家族従事者も含めて加入すること、が必要です。

② 第2種特別加入者

第2種特別加入者はさらに、ⓐ一人親方等、ⓑ特定作業従事者の2種類に分かれています。

ⓐ 一人親方等

個人タクシーや左官などの事業で、労働者を使用しないで行うことを常態としている者のことです。

ⓑ 特定作業従事者

農業の従事者など、災害発生率の高い作業（特定作業）に従事している者が特定作業従事者となります。

第2種特別加入者の特別加入のための要件は、ⓐとⓑ共通で、所属団体が特別加入の承認を受けていることと、家族従事者も含めて加入すること、のいずれも充たす必要があります。

③ 第3種特別加入者

海外に派遣される労働者（一時的な海外出張者を除く）については、日本国内の労災保険の効力が及ばないため、一定の条件を満たした場合に限り、労災保険に第3種特別加入者として加入する方法があります。海外派遣者が第3種特別加入者に該当するための要件は、派遣元の国内の事業について労災の保険関係が成立していることと、派遣元の国内の事業が有期事業でないことのいずれも充たすことです。

特別加入の手続き

所定の管轄の労働基準監督署を経由して都道府県労働局長に特別加入申請書を提出します。添付書類については、特別加入の種類ごとに異なります。第1種、第2種については、事務組合や一人親方ごとに異なるため、提出の際に確認することが必要です。

労災の補償内容

労災保険の給付

　労働者災害補償保険の給付は、業務災害と通勤災害の2つに分かれています。

　業務災害と通勤災害は、給付の内容は基本的に変わりません。しかし、給付を受けるための手続きで使用する各提出書類の種類が異なります。

　業務災害の保険給付には、療養補償給付、休業補償給付、障害補償給付、遺族補償給付、葬祭料、傷病補償年金、介護補償給付、二次健康診断等給付の8つがあります。

　一方、通勤災害の保険給付には療養給付、休業給付、障害給付、

■ 労災保険の給付内容

目的	労働基準法の災害補償では十分な補償が行われない場合に国（政府）が管掌する労災保険に加入してもらい使用者の共同負担によって補償がより確実に行われるようにする	
対象	業務災害と通勤災害	
業務災害（通勤災害）給付の種類	療養補償給付(療養給付)	病院に入院・通院した場合の費用
	休業補償給付(休業給付)	療養のために仕事をする事ができず給料をもらえない場合の補償
	障害補償給付(休業給付)	身体に障害がある場合に障害の程度に応じて補償
	遺族補償給付(遺族給付)	労災で死亡した場合に遺族に対して支払われるもの
	葬祭料(葬祭給付)	葬儀を行う人に対して支払われるもの
	傷病補償年金(傷病年金)	治療が長引き1年6か月経っても治らなかった場合に年金の形式で支給
	介護補償給付(介護給付)	介護を要する被災労働者に対して支払われるもの
	二次健康診断等給付	二次健康診断や特定保健指導を受ける労働者に支払われるもの

遺族給付、葬祭給付、傷病年金、介護給付があります。

これらの保険給付の名称を見ると、業務災害には「補償」という2文字が入っていますが、通勤災害には入っていません。これは、業務災害については、労働基準法によって事業主に補償義務があるのに対して、通勤災害の場合は、事業主に補償義務がないためです。

大切なことは、事業主には、労働基準法上の補償義務があるということです。たとえば、休業補償給付と休業給付は、療養のため休業をした日から3日間は支給されません（待期期間）。

一方、業務災害の場合、待期期間について労働基準法によって事業主に補償義務があるため、労働基準法上の休業補償をしなければなりません。これに対して、通勤災害の場合、待期期間の3日間について補償の必要がありません。

なお、業務災害と通勤災害の保険給付の支給事由と支給内容はほとんど同じです。そこで、本書では、業務災害と通勤災害の保険給付をまとめて「○○（補償）給付」などと表記しています。

通勤災害

通勤災害とは、労働者が通勤する際に被った負傷・疾病・障害・死亡をいいます。たとえば、①居住地と就業場所間の往復時、②就業場所から他の就業場所へ移動する場合、③単身赴任者の帰省先・就業場所への往復時、などが挙げられます。

ただし、やむを得ない理由を除き、通勤時の移動経路を逸脱した場合は通勤とは認められません。

療養（補償）給付

療養（補償）給付の内容

　労働者が仕事中や通勤途中にケガをしたときや、仕事が原因で病気にかかって病院などで診療を受けたときは、療養（補償）給付が支給されます。療養（補償）給付には、①療養の給付、②療養の費用の支給、の2種類の方式で行うことが認められています。

① **療養の給付**

　労災病院や指定病院などの診察が無料で受けることができます。つまり、治療の「現物給付」になります。なお、本書では、労災病院と指定病院などをまとめて、「指定医療機関」といいます。

② **療養の費用の支給**

　業務災害や通勤災害で負傷などをした場合の治療は、指定医療機関で受けるのが原則です。

　しかし、負傷の程度によっては一刻を争うような場合もあり、指定医療機関になっていない近くの病院などにかけ込むことがあります。指定医療機関以外の医療機関では、労災保険の療養の給付による現物給付（治療行為）を受けることができないため、被災労働者が治療費を実費で立替払いをすることになります。この場合、被災労働者が立て替えて支払った治療費は、後日、労災保険から「療養の費用」として現金で支給を受けることができます。つまり、療養の費用は、療養の給付に替わる「現金給付」ということです。

休業(補償)給付

休業(補償)給付の支給

　労働者が仕事中や通勤途中の災害で働くことができず、収入が得られない場合には、労災保険から休業(補償)給付の支給を受けることができます。

　休業(補償)給付は、療養中の労働者の生活保障(所得補償)を目的として支給されるものです。給付基礎日額の6割が支給されます。また、休業(補償)給付に加えて給付基礎日額の2割の特別支給金が支給されるため、合計としては給付基礎日額の8割の金額が被災労働者に支給されます。

　休業(補償)給付 ＝ 給付基礎日額の60％ × 休業日数
　休業特別支給金 ＝ 給付基礎日額の20％ × 休業日数

１日のうち一部分だけ働く場合

　被災労働者の負傷の程度によっては、１日の所定労働時間のうち一部分だけ働き、その分について賃金の支給を受けることができる場合があります。そのような場合、休業(補償)給付の支給額が減額支給されます。

　１日のうち一部分だけ働いて賃金の支払いを受けた場合の支給額は、１日当たり「(給付基礎日額－労働に対して支払われる賃金額)×60％」という式によって算出します。

　たとえば、給付基礎日額が１日１万円の労働者が被災した場合の休業(補償)給付を計算します。この労働者が午前中のみ働いて5,000円の賃金を受けることができた場合、労災保険は１日当たり3,000円(＝(10,000円－5,000円)×60％)が支給されます。

待期期間

休業（補償）給付は、療養のため労働することができずに賃金を受けられない日の4日目から支給されます。療養のため労働することができなかった最初の3日間を待期期間（待機ではなく待期）といい、休業（補償）給付の支給がありません。待期期間は連続している必要はなく、通算して3日間あればよいことになっています。待期期間の3日間については、業務災害の場合、事業主に補償の義務があります。

待期期間の3日間を数えるにあたり、労働者が所定労働時間内に被災し、かつ被災日当日に療養を受けた場合は、被災日当日を1日目としてカウントします。しかし、所定労働時間外の残業時間中などに被災した場合は、たとえ被災日当日に療養を受けたとしても被災日の翌日を1日目とします。

なお、休業（補償）給付の受給中に退職した場合は、要件を充たす限り支給が続きます。ただ、療養の開始後1年6か月が経った時点でその傷病が治っていない場合には、傷病（補償）年金に切り替えられる場合があります。

■ 休業（補償）給付のしくみ

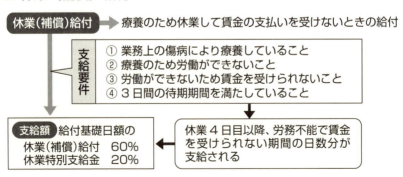

葬祭料

給付内容

　葬祭料（葬祭給付）は、労働者が業務上または通勤途中に死亡した場合に、死亡した労働者の遺族に対して支給されます。業務上の災害などで死亡した場合の給付を「葬祭料」、通勤途中の災害などで死亡した場合の給付を「葬祭給付」といいます。

　葬祭料（葬祭給付）の支給対象者は、実際に葬祭を行う者で、原則として死亡した労働者の遺族です。遺族の最上順位者は配偶者であり、この場合の配偶者には生計維持要件は問われません。また、死亡した労働者の兄弟姉妹は最終順位者となります。ただし、遺族が葬儀を行わないことが明らかな場合には、実際に葬儀を行った友人、知人、近隣の人などに支払われます。また、社葬を行った場合は、会社に対して葬祭料が支給されます。ただし、葬祭を行う遺族がいないわけではなく、会社が「恩恵的、功労的趣旨」で社葬を行った場合には、葬祭料は会社ではなく遺族に支払われます。

　葬祭料（葬祭給付）は、次の①と②の２つを比較していずれか高いほうの金額が支給されます。
① 　315,000円＋給付基礎日額の30日分
② 　給付基礎日額の60日分

請求手続き

　葬祭料（葬祭給付）を実際に請求する場合は、所轄の労働基準監督署に「葬祭料請求書」または「葬祭給付請求書」を提出します。葬祭料（葬祭給付）を請求する場合の添付書類には、死亡診断書や死体検案書などがあり、労働者の死亡の事実と死亡年月日

を確認するための書類となります。なお、葬祭料（葬祭給付）は、あくまでも労働者の死亡に対して支給される給付であるため、葬祭を執り行った際にかかった費用の額を証明する書類の提出などは必要ありません。

遺族補償年金との関係

葬祭料（葬祭給付）の支給要件は、「労働者が業務上または通勤途中に死亡した場合」です。そのため、たとえ遺族補償年金を受給している労働者が死亡した場合でも、その死亡理由が業務上・通勤途中の死亡ではなく「私的な疾病」などによる場合は、葬祭料（葬祭給付）は支給されません。

また、葬祭料（葬祭給付）の請求は、遺族補償給付と同じ時期に行う必要はありません。ただし、遺族（補償）給付の請求書をすでに提出している場合は、労働者の死亡に関する証明書類を提出していることになるため、改めて提出する必要はありません。なお、葬祭料（葬祭給付）の請求者が、必ずしも遺族補償年金の受給権利を持つ者である必要はありません。

■ **葬祭料・葬祭給付の請求**

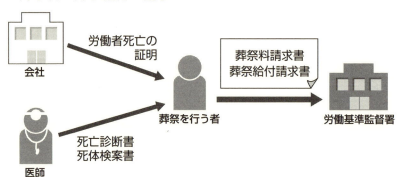

健康保険の埋葬料

労災事故にならない場合でも、健康保険の被保険者が死亡した場合、被保険者により生計を維持されていた人（被保険者の配偶者や子など。生計維持関係にあれば被扶養者でなくてもよい）で、埋葬を行う人に健康保険から埋葬料が支給されます。労災保険の葬祭料とよく似ているので混同しがちですが、全く別の制度です。

「埋葬を行う人」とは、常識的に考えて埋葬を行うべき人のことです。被保険者に近い関係にある配偶者や子がいない場合は、被保険者の兄弟姉妹やその他親戚の者などです。埋葬料の額は、標準報酬月額にかかわらず一律5万円です。

・埋葬費

身寄りのない1人暮らしの被保険者が亡くなった場合のように、被保険者と生計維持関係にあった者がおらず、埋葬料の対象となる者がいない場合は、実際に埋葬を行った者に対して埋葬費が支給されます。被保険者と離れて暮らす被保険者の子、父母、兄弟姉妹や友人、会社の同僚、町内会の代表などの近所の者が埋葬を行った場合は、埋葬費の支給対象に該当します。埋葬費の額は、埋葬料の金額の範囲内で、実際に埋葬に要した実費相当額です。つまり、最大の支給額は埋葬料と同じく5万円です。費用には、霊柩車代、霊前供物代、僧侶謝礼、火葬料などが含まれますが、参列者の接待費用や香典返しなどは支給対象にはなりません。

・家族埋葬料

被扶養者が死亡した場合、被保険者に対して家族埋葬料が支給されます。家族埋葬料の支給額も、埋葬料と同じく一律5万円です。ただし、死産児は家族埋葬料の支給対象にはなりません。

傷病手当金

どんな場合に支給されるのか

　メンタルヘルス疾患の場合、労災かどうかが争われることがあります。労災と認められれば、労災保険から補償を受けることになりますが、事業主として労災の証明に署名できないような場合には、労働者に健康保険の制度を利用してもらいます。

　健康保険は、被保険者と被扶養者がケガ・病気をした場合や死亡した場合、さらには分娩した場合に必要な保険給付を行うことを目的としています。

　業務外の病気やケガで働くことができない場合に、労働者が生活費として受給することができる給付が傷病手当金です。

　傷病手当金の給付を受けるためには、療養のために働けなくなり、その結果、連続して3日以上休んでいたことが要件になります。「療養のため」とは、療養の給付を受けたという意味ではなく、自分で病気やケガの療養を行った場合も含みます。「働くことができない」状態とは、病気やケガをする前にやっていた仕事ができないことを指します。軽い仕事だけならできるが以前のような仕事はできないという場合も、働くことができない状態にあたります。

支給までには3日の待期期間がある

　傷病手当金の支給を受けるには、連続して3日間仕事を休んだことが要件となりますが、この3日間はいつから数える（起算する）のかを確認します。

　3日間の初日（起算日）は、原則として病気やケガで働けなくなった日になります。たとえば、就業時間中に業務とは関係のな

い事由で病気やケガをして働けなくなったときは、その日が起算日となります。また、就業時間後に業務とは関係のない事由で病気やケガをして働けなくなったときは、その翌日が起算日となります。

休業して４日目が傷病手当金の支給対象となる初日です。それより前の３日間については傷病手当金の支給がないため、「待期の３日間」と呼ばれています。待期の３日間は、会社などの公休日や有給休暇も含みます。この３日間は必ず連続している必要があります。なお、傷病手当金は、待期期間を迎える前にすでに働くことができない者に支給されるため、待期期間前に医師から証明を受けておく必要があります。

傷病手当金の支給

傷病手当金を受給する場合、被保険者が必要事項を記入し、事業主の証明を得た上で傷病手当金支給申請書を提出します。提出先は、事業所を管轄する全国健康保険協会の都道府県支部または会社の健康保険組合です。

傷病手当金の支給額は、１日につき標準報酬日額の３分の２相当額です。ただし、会社などから賃金の一部が支払われたときは、傷病手当金と支払われた賃金との差額が支払われます。

標準報酬日額とは、標準報酬月額の30分の１の額です。また、傷病手当金の支給期間は１年６か月です。これは、支給を開始した日からの暦日数で数えます。たとえば、４月11日分から傷病手当金をもらっている場合であれば、翌年の10月10日までの１年６か月間が最長の支給期間ということになります。１年６か月間のうち、実際に傷病手当金が支給されるのは労務不能による休業が終わるまでの期間です。

労災保険の請求手続き

申請手続き

　労働災害が発生したときには、本人またはその遺族が労災保険給付を請求することになります。保険給付の中には傷病（補償）年金のように職権で支給の決定を行うものもありますが、原則として被災者あるいは遺族の請求が必要です。なお、労災の保険給付の請求には時効が設けられており、時効が過ぎた後の請求は認められません。原則として、２年以内（障害給付と遺族給付の場合は５年以内）に被災労働者の所属事業場の所在地を管轄する労働基準監督署長に対して行う必要があります。労働基準監督署は、必要な調査を実施して労災認定した上で給付を行います。

　「療養（補償）給付」については、かかった医療機関が労災保険指定病院等の場合には、「療養の給付請求書」を、医療機関を経由して労働基準監督署長に提出します。その際に療養費を支払う必要はありません。しかし、医療機関が労災保険指定病院等でない場合には、いったん、医療費を立て替えて支払わなければなりません。その後「療養の費用請求書」を直接、労働基準監督署長に提出し、現金給付してもらうことになります。

　被害者などからの請求を受けて支給または不支給の決定をするのは労働基準監督署長です。この決定に不服がある場合には、都道府県労働基準局内の労働者災害補償保険審査官に審査請求をすることができます。審査官の審査結果にさらに不服があるときは厚生労働省内の労働保険審査会に再審査請求ができます。労働保険審査会の裁決にも不服がある場合は、その決定の取消を求めて、裁判所に行政訴訟を起こすことになります（250ページ）。

労災給付の申請

労災保険法に基づく保険給付等の申請ができるのは、本人かその遺族です。

ただし、労働者が自ら保険給付の申請その他の手続きを行うことが困難な場合には事業主が手続きを代行することができるため、実際には会社が手続きを代行して労災申請をするケースが多くあります。

「会社が不当に労災の証明に協力しない」というような場合には、本人がその旨の事情を記載して労働基準監督署に書類を提出することになるため、労働者の請求には誠実に対応する必要があります。また、労災給付を受けるためには所定の請求書の提出などの手続きをすることが必要です。

労災申請されたときの会社側の対応

労災の療養補償給付では、負傷または発生の年月日、負傷または発症の時刻、災害の原因および発生状況について会社の証明が必要とされています。

労働災害であることについて疑いようがないようなケースであれば、会社としても労災の証明に応じることになるでしょう。

しかし、労災であることがはっきりとはわからないような場合には、対応を検討しなければなりません。特に、メンタルヘルス疾患の場合には原因がわかりくいこともあります。従業員側が「過度の業務や上司の圧力が原因でメンタルヘルス疾患になった」と主張してきた場合でも、会社としては「本当に業務だけが原因なのだろうか」「プライベートな事柄にも何か問題があったのではないだろうか」などと考えることがあります。

ただし、はっきり労働災害とは思われないからといって、直ちに労災の証明を拒絶するのは、従業員との労働トラブルを引き起

こす可能性があるため、避けた方がよいでしょう。逆に、労災事故でない可能性が高い場合にまで安易に労災の証明をしてしまうと、虚偽の証明をしたことを理由に徴収金の納付を命じられることもあります（労災保険法12条の３）。

　被災した従業員側の考えと異なる部分については、その旨を記載することができるため、会社側としては顧問弁護士や社会保険労務士に相談した上で、記載方法や対応などを検討するのが効果的です。

　労災にあたるかどうかについては、提出された書類を基に労働基準監督署が判断することになるため、その労働基準監督署が示した判断に従う流れとなります。

■ 労災認定の申請手続き

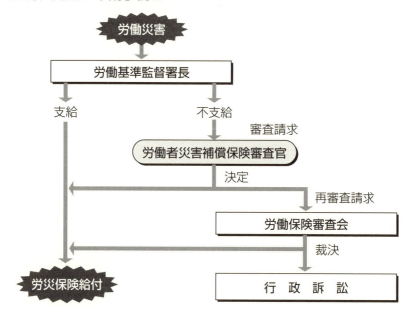

ストレスチェックの手続き

ストレスチェック実施時の主な流れ

　ストレスチェックとは、労働者のストレス状況の把握を目的とするメンタル版の定期健康診断です。ストレスチェック義務化に伴い、会社としては、これまで以上に体系的な従業員のストレス状況への対応が求められることになります。ストレスチェックについては、厚生労働省により、前述の調査票をはじめとした様々なルールが定められています。その具体的な内容については、次のようなものです。

① 会社は医師、保健師その他の厚生労働省令で定める者（以下「医師」という）による心理的負担の程度を把握するための検査（ストレスチェック）を行わなければならない。

② 会社はストレスチェックを受けた労働者に対して、医師からのストレスチェックの結果を通知する。なお、医師は、労働者の同意なしでストレスチェックの結果を会社に提供してはならない。

③ ストレスチェックを受けて医師の面接指導を希望する労働者に対して、面接指導を行わなければならない。この場合、会社は当該申し出を理由に労働者に不利益な取扱いをしてはならない。

④ 会社は面接指導の結果を記録しておかなければならない。

⑤ 会社は、面接指導の結果に基づき労働者の健康を保持するために必要な措置について、医師の意見を聴かなければならない。

⑥ 医師の意見を勘案（考慮）し、必要があると認める場合は、就業場所の変更・作業の転換・労働時間の短縮・深夜業の回数の減少などの措置を講ずる他、医師の意見の衛生委員会等への報告その他の適切な措置を講じなければならない。

⑦　ストレスチェック、面接指導の従事者は、その実施に関して知った労働者の秘密を漏らしてはならない。

届出や報告などは不要？

　常時50人以上の労働者を雇用する会社の場合は、1年に1回以上の頻度での定期的な実施が必要です。

　ストレスチェックを実施した後は「検査結果等報告書」を1年以内ごとに1回、定期に所轄労働基準監督署長へ提出しなければなりません（労働安全衛生規則52条の21）。検査結果等報告書には、検査の実施者、面接指導の実施医師、検査や面接指導を受けた労働者の数などを記載します。ただし、ここで記載する面接指導を受けた労働者の人数には、ストレスチェック以外で行われた医師の面談の人数は含みません。また、提出は事業場ごとに行う必要があるため、事業場が複数ある会社が、本社でまとめて提出するという形をとることは不可能です。雇用労働者が50人未満の会社の場合は、そもそもストレスチェックの実施が義務付けられていないため、報告書の提出義務はありません。

実施しなくても罰則はないのか

　ストレスチェックを実施しなかった場合の罰則規定は特に設けられてはいません。ただし、所轄労働基準監督署長に対して検査結果等報告書を提出しなかった場合は、罰則規定の対象になります（120条5号）。なお、ストレスチェックを実施しなかった場合においても、検査結果等報告書は、1年以内ごとに1回、定期に提出しなければなりません。ただし、50人未満の労働者を使用する事業場は、検査結果等報告書の提出義務や罰則の対象外です。

労働保険や社会保険に加入していない事業所

未加入の事業所にも何パターンかある

　労働保険制度や社会保険制度では、適用要件を充たす事業所に対して、加入を義務づけています。しかし、中には未加入のままでいる事業所が存在することも事実です。中小企業・小規模事業所の中には、加入手続きを取っていない場合が見られます。たとえば、労働保険・社会保険いずれも未加入、労働保険のみ加入で社会保険には未加入などのケースです。原因としては、まず労働保険や社会保険のしくみを理解していない場合があります。たとえば、加入意思があるものの、手続き方法がわからない、もしくは煩わしさから行っていないケースです。このような場合は、まずは最寄りの労働基準監督署や年金事務所に連絡を取り、手続きを行う場所や方法について尋ねてみましょう。

　さらに、保険料の支払いを避けるために、あえてこれらの保険に加入しないケースが見られます。言うまでもなく、加入すべき労働保険・社会保険に加入しない行為は違法となります。国側もこの事実を見逃さないよう、マイナンバー（法人番号）を活用して未加入の事業所を摘発していく動きが見られています。

未加入が発覚した場合のペナルティ

　社会保険への未加入が発覚した場合、まずは事業所の所在地を管轄する年金事務所より加入を促す連絡と、加入の際に必要となる手続き書類が郵送されます。ここで加入の手続きを行えば、まず問題はないといえるでしょう。

　しかし、それでも加入手続きに踏み切らない場合、厚生労働省に未加入の事実や経緯に対する通報が行われます。その上でさら

なる指導が事業所に対して行われ、強制的に加入手続きがなされる場合があります。その際には、追徴金の支払や罰則が科される可能性もあります。

　一方、労働保険の場合も、事業所の所在地を管轄する労働基準監督署より加入を促す連絡と、加入の際に必要となる手続書類が郵送されます。ここで加入指導に従わない場合は、罰則の対象となる可能性がありますが、それに加えて労働保険にまつわる給付を受ける際に大きな損失を被ります。たとえば、労災保険に未加入の状態で労災事故が発生した場合、通常であれば国から受けることができる給付金を事業所が肩代わりする可能性があります。また、退職者が失業の際の給付を受けるために雇用保険の未加入の事実を訴え出る恐れもあります。

　労働保険にしろ、社会保険にしろ、加入することによるメリットが多々あります。加入の義務がある場合は、早急に加入するべきであるといえるでしょう。

これから加入する場合はどうなる

　労働保険や社会保険への未加入の事実が発覚した場合、新規加入の手続きを行います。新規加入の手続きについては労働保険、社会保険ともに通常の場合と同じ手順となりますが、未加入であった期間の保険料をさかのぼって支払わなければなりません。未加入期間は最大2年で計算され、追徴金として徴収が行われます。さらに、加入に対する督促状の期限内に加入手続きを行わなかった場合や立入調査に対して非協力的であった場合は、社会保険の場合は6か月以下の懲役または50万円以下の罰金、雇用保険の場合は6か月以上の懲役または30万円以下の罰金が科される可能性があるため、注意が必要です。

Column

寄宿舎での事故やトラブル

　寄宿舎（労働基準法では事業附属寄宿舎）とは、「常態として相当人数の労働者が宿泊し、共同生活の実態を備えるもの」で、かつ、「事業経営必要上その一部として設けられているような事業との関連をもつ」ものです。事業関連の有無や労務管理上の共同生活の要請の有無、場所等から寄宿舎かどうかが総合的に判断されます。使用者は、次のいずれかの条件に該当する工事に伴い寄宿舎を設置する場合は、「寄宿舎設置届」を周囲の状況および四隣との関係を示す図面、建築物の各階の平面図、断面図を添えて、所轄の労働基準監督署長に提出しなければなりません。
① 　常時10人以上の労働者を就業させる事業
② 　厚生労働省令で定める危険な事業（建設業など）

　また、建設業附属寄宿舎規程によると、寄宿舎設置届とは別に、寄宿舎規則の届出や管轄の消防署への防火対象物使用開始届の提出が必要です。使用者は、寄宿舎規則において事業主および寄宿舎の管理について権限を有する者を明らかにした上で、寄宿舎の出入口など、見やすい箇所にこれらの者の氏名または名称を掲示しなければなりません。また、寄宿舎の管理について権限を有する者は、1か月以内の期間ごとに1回、寄宿舎を巡視し、巡視の結果、寄宿舎の建物、施設または設備に関し、建設業附属寄宿舎規程で定める基準に照らして修繕や改善すべき箇所があれば、速やかに使用者に連絡しなければなりません。

　寄宿舎で火事や事故、ケガが発生した場合は「業務起因性」があれば労災保険の給付対象となります。業務起因性については、労働契約の条件として事業主の指定する寄宿舎を利用することがある程度義務付けられていれば、認められます。

　なお、寄宿舎での災害発生時も、事業主は所轄労働基準監督署長に遅滞なく「労働者死傷病報告」を提出しなければなりません。

【監修者紹介】
小島　彰（こじま　あきら）

1957年生まれ。石川県出身。特定社会保険労務士（東京都社会保険労務士会）。就業規則等の作成から労働保険・社会保険の手続き業務といった代行業務、労務相談、IPO（株式上場）支援コンサルテーション、労務監査などを数多く手掛けている。労務相談については、企業側からの相談に留まらず、労働者側からの相談も多い。また、IPO（株式上場）のコンサルティングにおいては、昨今のIPOでの労務関係の審査の厳格化に対応するための適切な指導を行っている。IPO関連のセミナーの実績多数。

著作に、『未払い残業代請求と労働調査対策マニュアル』『労働契約と就業規則のしくみ』『パート・契約社員・派遣社員の法律問題とトラブル解決法』『解雇・退職勧奨の上手な進め方と法律問題解決マニュアル』『労働基準法と労働条件の基本がわかる事典』など（小社刊）がある。

こじまあきら社会保険労務士事務所

会社の設立時の新規適用申請から労働保険・社会保険の手続き代行、給与計算代行、就業規則の新規作成および改正業務、その他労務関連の諸規定の整備、IPO（株式上場）労務コンサルテーションなど幅広く対応している。また、電話とメールを活用した相談サービスやセミナー講師、原稿執筆なども積極的に行っている。

ホームページ　http://www.kojimaakira-sr.com

すぐに役立つ
図解とQ&Aでわかる
最新　労働安全衛生をめぐる法律と疑問解決マニュアル108

2018年3月31日　第1刷発行

監修者	小島彰（こじまあきら）
発行者	前田俊秀
発行所	株式会社三修社
	〒150-0001　東京都渋谷区神宮前2-2-22
	TEL　03-3405-4511　FAX　03-3405-4522
	振替　00190-9-72758
	http://www.sanshusha.co.jp
	編集担当　北村英治
印刷所	萩原印刷株式会社
製本所	牧製本印刷株式会社

©2018 A. Kojima Printed in Japan
ISBN978-4-384-04782-0 C2032

JCOPY〈出版者著作権管理機構　委託出版物〉
本書の無断複製は著作権法上での例外を除き禁じられています。複製される場合は、そのつど事前に、出版者著作権管理機構（電話 03-3513-6969　FAX 03-3513-6979　e-mail: info@jcopy.or.jp）の許諾を得てください。